TERAPIA AFIRMATIVA

Dados Internacionais de Catalogação na Publicação (CIP)
(Câmara Brasileira do Livro, SP, Brasil)

Borges, Klecius
  Terapia afirmativa : uma introdução à psicologia e à psicoterapia dirigida a gays, lésbicas e bissexuais / Klecius Borges. — São Paulo : GLS, 2009.

  Bibliografia.
  ISBN 978-85-86755-55-2

  1. Bissexualidade – Saúde mental 2. Gays – Saúde mental 3. Homossexualidade – Aspectos psicológicos 4. Lésbicas – Saúde mental 5. Psicoterapia 6. Psicoterapia – Métodos I. Título.

09-04697   CDD-155.34

Índice para catálogo sistemático:

1. Bissexuais, gays e lésbicas: Terapia afirmativa: Psicologia afirmativa   155.34

Compre em lugar de fotocopiar.
Cada real que você dá por um livro recompensa seus autores
e os convida a produzir mais sobre o tema;
incentiva seus editores a traduzir, encomendar e publicar
outras obras sobre o assunto;
e paga aos livreiros por estocar e levar até você livros
para sua informação e seu entretenimento.
Cada real que você dá pela fotocópia não autorizada de um livro
financia um crime
e ajuda a matar a produção intelectual.

Klecius Borges

TERAPIA AFIRMATIVA

UMA INTRODUÇÃO À PSICOLOGIA
E À PSICOTERAPIA DIRIGIDA
A GAYS, LÉSBICAS E BISSEXUAIS

TERAPIA AFIRMATIVA
Uma introdução à psicologia e à psicoterapia
dirigida a gays, lésbicas e bissexuais
Copyright © 2009 by Klecius Borges
Direitos desta edição reservados para Summus Editorial

Editora executiva: **Soraia Bini Cury**
Editoras assistentes: **Andressa Bezerra e Bibiana Leme**
Capa: **Eduardo Bertolini**
Imagem da capa: **iStockphoto LP**
Diagramação: **Acqua Estúdio Gráfico**

3ª reimpressão, 2025

Edições GLS
Rua Itapicuru, 613, 7º andar
05006-000 – São Paulo – SP
Fone: (11) 3872-3322
http://www.edgls.com.br
e-mail: gls@edgls.com.br

Atendimento ao consumidor:
Summus Editorial
Fone: (11) 3865-9890

Vendas por atacado:
Fone: (11) 3873-8638
e-mail: vendas@summus.com.br

Impresso no Brasil

A meu pai, Brasil Borges (in memoriam)

Agradecimentos

A Gustavo Barcellos, que vem acompanhando a mim e ao meu trabalho por vários anos e, amorosa e diligentemente, me ajudou a desfazer minhas barreiras internas e me incentivou a encarar o desafio de escrever e publicar este livro.

A Wladimir Ganzelevitch, cujo carinho, apoio e orientação foram (e continuam sendo) importante esteio para o meu trabalho como psicoterapeuta.

A todos os homens e mulheres gays que ao longo desses oito anos se dispuseram a dividir comigo suas histórias, me permitindo acompanhá-los em suas dificuldades e alegrias na busca de uma vida íntegra e em consonância com sua natureza homoafetiva.

Sumário

Introdução 11

1. Por que uma psicologia homossexual? 17
2. O que é terapia afirmativa? 21
3. A homofobia e o paciente gay 27
4. A terapia afirmativa e a questão da identidade ... 35
5. O terapeuta afirmativo 43
6. A clínica 53
7. A minha clínica 75

Referências bibliográficas 89

Anexo 1 – Resolução CFP n. 001/1999, de 22 de
março de 1999 93

Anexo 2 – Orientações da American Psychological Association para psicoterapia com clientes gays, lésbicas e bissexuais 95

Anexo 3 – Como encontrar um terapeuta afirmativo 99

Anexo 4 – Perguntas a serem feitas a um candidato a terapeuta de acordo com a visão afirmativa 103

Introdução

Formado em Psicologia em 1976, embora não tenha seguido inicialmente a carreira clínica, sempre me interessei pelo do campo da Psicoterapia, tendo participado de vários grupos de formação no Brasil e nos Estados Unidos.

Porém, a experiência que transformaria de forma definitiva minha vida pessoal e abriria uma nova e fascinante perspectiva profissional ocorreu em 1999. Nesse ano participei, no Esalen Institute, Califórnia, de um seminário não apenas oferecido exclusivamente a gays, mas também liderado por um psicoterapeuta abertamente gay e com clínica na cidade de São Francisco. Ali, ao conviver e trabalhar conteúdos psicológicos com outros dezenove homens gays de várias faixas etárias e de diferentes regiões dos Estados Unidos, percebi que, a despeito das diferenças pessoais, sociais e culturais, tínhamos praticamente a mesma história.

A partir daquele momento, resolvi estudar mais profundamente a psicologia afirmativa e me preparar para trabalhar de modo mais focalizado e direto com o público gay. Desde então, venho pesquisando e lendo muitas obras sobre a chamada *psicologia homossexual*[1]. Além de atender indivíduos, casais e grupos e conduzir workshops, escrevo artigos e participo de debates e mesas-redondas sobre as inúmeras questões direta ou indiretamente relacionadas com o tema da homossexualidade. Mais recentemente, tenho também orientado mães e pais de homossexuais que participam da organização não governamental Grupo de Pais de Homossexuais (GPH). E, nos últimos anos, ao *redescobrir* a psicologia de orientação junguiana, ampliei minha visão sobre o assunto, refletindo sobre ele de forma mais analítica e incorporando os elementos simbólicos da psicologia profunda à compreensão dos fenômenos da homossexualidade em suas múltiplas manifestações.

Apesar de não ser nova a ideia de escrever um livro introdutório sobre psicologia afirmativa e seu tema mais presente, a homofobia – com um texto simples que, em vez de ter a pretensão de esgotar ou analisar em profundidade o tema, oferecesse aos leitores leigos um reper-

---

1. Embora atualmente seja mais comum substituir *homossexualidade* por *homoafetividade* (termo cunhado pela desembargadora Maria Berenice Dias), decidi utilizar *homossexualidade* para me referir à orientação sexual e *homossexual* para designar os indivíduos com essa orientação. Porém, sempre que me refiro a tais indivíduos no contexto da abordagem afirmativa, utilizo o termo "gay" – incluindo homens e mulheres, a não ser em situações em que a distinção entre gay e lésbica me pareceu necessária.

tório conceitual mínimo para uma reflexão abrangente sobre a identidade homossexual de forma íntegra –, precisei esperar alguns anos até sentir que estava de fato preparado para me dedicar à sua elaboração. As razões, além de certa resistência em me comprometer com projetos fora da clínica, eram tanto de caráter técnico quanto pessoal.

Do ponto de vista técnico, eu julgava ser necessário acumular experiência clínica suficientemente ampla, que me possibilitasse ser capaz de generalizar (com um mínimo de precisão) sobre as dinâmicas do desenvolvimento e as diversas questões com as quais depara a maioria dos homossexuais. Outra preocupação minha era que, ao generalizar, eu não perdesse a dimensão da singularidade individual – que é, por assim dizer, o coração da clínica psicológica.

Quanto ao aspecto pessoal, questionava-me sobre a real necessidade de escrever (e principalmente publicar) em um formato diferente daquele que venho utilizando há anos na revista *G Magazine*, tanto no site quanto na versão impressa, na coluna "Papo-cabeça". Identifiquei-me com tal formato por se tratar de textos curtos produzidos na esteira de emoções ou ideias despertadas por filmes, livros, peças de teatro e acontecimentos da comunidade gay de modo geral. Ou, ainda, produzidos por reflexões advindas da minha prática clínica.

Agora, após oito anos de clínica, atendendo exclusivamente homossexuais e seus familiares, tendo respondido a centenas de e-mails de leitores de todo o país e participado de inúmeros grupos de discussão e de orientação no Brasil e nos Estados Unidos, senti que havia chegado a hora de escrever este livro. Afinal, eu já acumulara volume considerável de histórias pessoais e casos clínicos que me permitiriam falar com segurança sobre a experiência brasileira de uma psicologia especificamente voltada aos gays. Obviamente, para que eu tomasse essa decisão contribuíram os insistentes pedidos de leitores, colegas, amigos e, principalmente, a constatação de uma evidente lacuna, na literatura psicológica, em relação à homossexualidade dirigida ao publico brasileiro. Assim, após muitas conversas com possíveis editores e várias sessões de terapia refletindo sobre o tema, decidi aceitar o desafio e finalmente assumir os riscos de lançar este livro.

A base conceitual sobre a qual se desenvolve o meu trabalho é a psicologia afirmativa, cujos fundamentos consistem em um conjunto de pressupostos teóricos sobre a homossexualidade e em uma atitude clínica especificamente voltada para o desenvolvimento de uma identidade homossexual positiva. Essa vertente vem sendo desenvolvida principalmente nos Estados Unidos e no Reino Unido e já acumula um corpo considerável de formulações teóricas e dados clínicos. Ainda que não se trate de um sistema psicológico independente, nem estabeleça um modelo psicoterápico próprio, a terapia afirmativa se distingue por questionar as visões tradicionais que encaram a homossexualidade como patologia ou manifestação imatura da sexualidade. De acordo com a visão afirmativa, a identidade homossexual é expressão natural, espontânea e positiva da sexualidade humana, em nada inferior à identidade heterossexual.

Para a psicologia afirmativa, a homofobia, e não a homossexualidade *per se*, é a principal responsável por muitos dos conflitos vivenciados pelos homossexuais. Por essa razão, os psicoterapeutas que adotam a abordagem afirmativa (independentemente de sua orientação teórica ou formação técnica), ao ajudarem a desenvolver uma identidade homossexual positiva, transmitem aos pacientes absoluto respeito por sua sexualidade, sua cultura e seu estilo de vida. Atuam buscando compreender tanto as variáveis da dinâmica pessoal quanto as variáveis sociais relativas às diferentes formas de preconceito e opressão a que os homossexuais estão submetidos. É sobre esse assunto que falarei detalhadamente neste livro.

... 1 ...

Por que uma psicologia homossexual?

A chamada psicologia homossexual [*lesbian and gay psychology*] surgiu a princípio nos Estados Unidos e difundiu-se em países europeus, principalmente na Grã-Bretanha, em reação ao heterocentrismo da psicologia dominante – que, até meados dos anos 1970, continuava a apresentar a homossexualidade como uma manifestação patológica, e os homossexuais como produto de um desenvolvimento psicossexual problemático.

Até então, os estudos e pesquisas sobre a homossexualidade restringiam-se aos "desvios ou disfunções sexuais" e tinham como base uma população formada por sujeitos em prisões, hospitais e consultórios psiquiátricos. Tais pesquisas, quase sempre conduzidas com homossexuais masculinos, tinham seus dados generalizados para as lésbicas.

Nesse período, técnicas e tratamentos eram empregados com o objetivo de inibir o desejo homossexual e restaurar a heterossexualidade. Entre eles, os mais comuns eram as terapias de aversão (com o uso de eletrochoques ou drogas que provocavam náuseas), dessensibilização sistemática[2], castração, lobotomia e aplicação de hormônios (principalmente nas mulheres).

Como as pesquisas e os estudos sobre a homossexualidade concentravam-se unicamente na psicologia clínica, o foco permanecia na busca das causas e da cura das condições patológicas, deixando de lado as questões relacionadas com os aspectos mais gerais da vida dos homossexuais. Esses trabalhos ignoravam como os indivíduos homossexuais lidavam com os temas comuns da vida cotidiana: como se relacionavam afetiva e sexualmente, de que forma conviviam com a família e cuidavam da saúde, como enfrentavam os desafios da maternidade/paternidade e de que modo desenvolviam a carreira etc.

Foi nesse cenário profundamente desanimador que a psicologia homossexual começou a estabelecer suas bases. Partindo do pressuposto de que a orientação homossexual é parte da variação normal da sexualidade humana, a American Psychiatric Association retirou-a do seu manual de diagnósticos psiquiátricos (*Diagnostic and statistical manual of mental disorders – DSM*) em 1973.

---

2. Técnica que consiste na apresentação gradual de imagens associadas a estímulos que provocam sensações agradáveis ou reduzem sensações desagradáveis. Nesse caso, a dessensibilização era uma tentativa de eliminar o desejo homossexual, incrementando o desejo heterossexual.

Em 1975, a American Psychological Association adotou a política de que a homossexualidade *per se* não implica nenhum tipo de prejuízo mental, exortando os profissionais de saúde mental a liderar o processo para eliminar o estigma tradicionalmente associado a essa orientação. Alguns anos depois, a APA criou uma divisão ("Division 44") dedicada ao estudo psicológico da homossexualidade (e, mais tarde, da bissexualidade).

Outra mudança importante se deu em 1985, quando a Organização Mundial da Saúde (OMS) passou a adotar o termo "homossexualidade" em substituição a "homossexualismo", que aparecia no Código Internacional de Doenças (CID) na categoria "distúrbio mental". O objetivo era evitar o sufixo "ismo" tradicionalmente associado à doença.

Com tal mudança de atitude por parte dessas respeitadas instituições, o foco das pesquisas sobre a homossexualidade deixou de ser simplesmente a demonstração de sua "normalidade" e passou a abranger inúmeras outras questões relativas à vida de lésbicas, gays e bissexuais. Em decorrência dessa nova perspectiva, os tópicos da psicologia homossexual contemporânea passaram a incluir: o estabelecimento das identidades, lésbica, gay e bissexual; a formação de relações entre as pessoas do mesmo sexo; os processos de desenvolvimento da sexualidade; a homofobia e a discriminação sofrida por gays e lésbicas; as questões relativas a maternidade e paternidade; a diversidade cultural e étnica entre lésbicas, gays e bissexuais; as questões sobre as escolhas e as práticas sexuais (Coyle e Kitzinger, 2002).

Do ponto de vista teórico, a terapia afirmativa não vê o sujeito homossexual como psicologicamente diferente do sujeito heterossexual. Porém, ao segmentar as orientações sexuais e definir um foco, ela busca uma compreensão mais profunda das questões particulares dessa população, assim como o desenvolvimento de modelos teóricos e clínicos mais adequados. Não se trata de uma psicologia da sexualidade, pois não se restringe às práticas sexuais, abrangendo inúmeras questões psicossociais.

É importante ressaltar que, apesar do nome "psicologia homossexual", essa abordagem historicamente inclui também os bissexuais e transgêneros[3] relacionando-se intimamente com a psicologia de gênero.

---

3. Em função de minha prática clínica ser focada em gays, lésbicas e bissexuais, os transgêneros não serão abordados neste livro.

... 2 ...
O QUE É TERAPIA AFIRMATIVA?

O primeiro psicólogo a empregar o termo "terapia afirmativa" [*gay affirmative therapy*] foi Alan Malyon, em artigo publicado em 1982. Em suas palavras:

> A psicoterapia afirmativa gay não é um sistema independente de psicoterapia. Ela representa um conjunto especial de conhecimentos psicológicos que questiona a visão tradicional de que o desejo homossexual e as orientações homossexuais fixas são patológicos. A psicoterapia afirmativa gay utiliza os métodos psicoterápicos tradicionais, mas de uma perspectiva não tradicional. **Essa abordagem considera a homofobia, e não a homossexualidade em si, como a variável patológica mais importante para o desenvolvimento de certas condições sintomáticas encontradas em homossexuais.**
> [Grifo meu]

Embora Malyon tenha sido o primeiro a empregar o termo, o conceito já havia sido desenvolvido por outros autores norte-americanos, os pioneiros Donald Clark [*Loving someone gay*] e Betty Berzon [*Positively gay*]. Ambos tratam a homossexualidade de forma positiva e afirmativa, creditando o sofrimento e as dificuldades que lésbicas e gays enfrentam ao heterocentrismo e à homofobia dominantes em nossa cultura.

O psicólogo inglês Dominic Davies, um dos organizadores da série de publicações *Pink therapy*[4], embora concorde com a ideia de que a terapia afirmativa não seja um sistema independente, sugere alguns ajustes a serem feitos pelas escolas tradicionais de psicoterapia.

Para ele, tanto o viés heterocentrista quanto a visão desenvolvimentista (que vê a homossexualidade como estágio inferior à heterossexualidade) de várias dessas escolas impedem uma abordagem adequada. Citando Clark e o psicanalista americano Richard Isay, autor do livro *Tornar-se gay* (publicado no Brasil pelas Edições GLS), Davies afirma que a neutralidade do terapeuta, prescrita por boa parte das escolas, não se aplica às lésbicas e aos gays devido à história de opressão e exposição a mensagens altamente negativas sobre a homossexualidade a que foram submetidos ao longo da vida.

---

4. Coleção de três livros. O volume 1 foi o primeiro guia dirigido a terapeutas que trabalham com gays, lésbicas e bissexuais na Grã-Bretanha. O volume 2 explora a forma como algumas das escolas de psicoterapia lidam com as diferentes orientações sexuais, tanto do ponto de vista teórico como do clínico. O último apresenta várias questões relativas à clinica com pacientes gays, lésbicas, bissexuais e transgêneros.

Isay considera o respeito – baseado na crença de que a homossexualidade é uma variação normal e natural da sexualidade humana – central no trabalho com gays e lésbicas e enfatiza a importância da atitude não crítica e de aceitação. Essa atitude se manifesta no cuidado, na atenção e no apreço do terapeuta pelo paciente.

Já para Davies, o terapeuta afirmativo é aquele que reconhece a identidade lésbica, gay e bissexual como forma de experiência e de expressão humana – tão positiva quanto a identidade heterossexual. Ele propõe um modelo de terapia afirmativa que mescle os conceitos de afirmação gay e o pensamento atual sobre sexualidade aos conhecimentos e às técnicas das escolas de orientação psicodinâmica e humanista.

O livro *Pink therapy: a guide for counsellors and therapists working with lesbian, gay and bisexual clients* [Terapia cor-de-rosa: um guia para terapeutas que trabalham com clientes lésbicas, gays e bissexuais], organizado por Davies e Neal, aprofunda o conceito do respeito a ser observado por terapeutas afirmativos ao atender pacientes homossexuais. São estas, em resumo, as condições essenciais:

a) Respeito pela orientação sexual do paciente, considerando-a uma manifestação saudável, e não patológica, da sexualidade humana.
b) Respeito pela integridade pessoal do paciente, lembrando que os pacientes gays têm um histórico de opressão que os torna muito vulneráveis na relação de poder (relação transferencial) com o terapeuta. Não revelar a terceiros ou mesmo familiares a iden-

tidade sexual do paciente é um dos cuidados a serem tomados na preservação de sua integridade.
c) Respeito pela cultura e pelo estilo de vida do paciente, mesmo quando seus valores morais, hábitos e práticas sexuais são diferentes dos do terapeuta. Se for o caso, é necessário que o terapeuta procure conhecer a diversidade dos estilos de vida e das subculturas das comunidades gay e lésbica.
d) Respeito por suas próprias crenças e atitudes. O terapeuta deve se dispor a examinar os próprios preconceitos e crenças a respeito das orientações sexuais diferentes da sua e, em determinadas situações, dependendo dessa autoanálise, ser capaz de reconhecer sua incapacidade de atender pacientes homossexuais (veja mais informações sobre esse assunto no tópico "A preparação do terapeuta", Capítulo 5, p. 45).

Joe Kort, psicoterapeuta norte-americano e autor do livro *Gay affirmative therapy for the straight clinician: the essential guide* [Guia da terapia afirmativa para o psicólogo heterossexual], resume assim sua visão sobre o assunto:

> [...] não há nada intrinsecamente errado em ser gay ou lésbica. O problema está no que a sociedade homofóbica e homoignorante e as terapias heterocentradas fazem aos gays e lésbicas. Viver numa cultura baseada na vergonha cria uma variedade de distúrbios comportamentais e psicológicos. A terapia afirmativa tem como foco a reparação desses distúrbios, ajudando os clientes a se moverem da vergonha para o orgulho.

No Brasil, embora o termo "terapia afirmativa" ainda não seja empregado nem reconhecido oficialmente, e apesar de essa abordagem não constituir um campo específico de estudo, já se nota em alguns profissionais e em certas iniciativas isoladas uma atitude diante da homossexualidade muito compatível com a visão afirmativa. Essa atitude é mais evidente nos vários grupos de apoio e suporte psicológico que têm surgido nos últimos anos. Há hoje, nas principais cidades brasileiras, grupos que se dedicam a ajudar gays e lésbicas a enfrentar as dificuldades de autoaceitação e inserção social e a lidar com temas como relacionamentos, paternidade/maternidade, sexualidade, Aids/HIV, dependência química etc.

Em março de 1999, o Conselho Federal de Psicologia publicou a Resolução n. 001/1999, que estabelece as normas de atuação para os psicólogos em relação à orientação sexual (veja o Anexo 1, p. 93).

… 3 …

A HOMOFOBIA E O PACIENTE GAY

O termo "homofobia", cunhado por Weinberg no final da década de 1960 para caracterizar os sentimentos de medo, aversão, ódio e repulsa que alguns heterossexuais manifestam diante da homossexualidade e dos homossexuais, teve o significado ampliado ao longo dos anos. Não mais se referindo especificamente a uma "fobia", é empregado atualmente como sinônimo de atitudes preconceituosas e negativas em relação a tudo que se refere ao universo homossexual. Alguns autores norte-americanos passaram inclusive a utilizar também o termo "homoignorante" como forma de enfatizar o desconhecimento que muitos heterossexuais têm da homossexualidade.

Do ponto de vista da terapia afirmativa, a homofobia é o núcleo central do trabalho terapêutico com os pacientes gays. Tanto na sua forma social e cultural quanto na sua forma internalizada pelo próprio indivíduo, ela será alvo de atenção constante do terapeuta. Embora poucos pacientes a reconheçam claramente, ela está sempre presente. Crescendo e vivendo num ambiente heterocentrado e homofóbico (ou homoignorante), o indivíduo gay é constantemente bombardeado com mensagens muito negativas sobre sua natureza afetivo-sexual e frequentemente está sujeito a variadas formas de abuso e discriminação.

A HOMOFOBIA SOCIAL E CULTURAL

A homofobia social e cultural tem como base a crença profundamente arraigada de que a homossexualidade, principalmente a masculina, ameaça a estrutura social patriarcal, na qual os valores masculinos predominam. Desse ponto de vista, o homossexual é identificado com o feminino e, portanto, considerado inferior na escala social.

Desde muito cedo, a criança que apresenta alguma variação no padrão de gênero cultural (masculino/feminino), seja no comportamento, seja nas atitudes ou nas preferências, está sujeita a críticas, sanções e até mesmo abuso – emocional, físico e/ou sexual. Violada em sua integridade psíquica e sem compreender por que é tratada dessa forma, essa criança internaliza a mensagem básica de que há algo de errado com ela. Com o passar dos anos, e à medida que for tendo uma consciência mais clara da natureza afetivo-sexual da sua diferença, aos seus sentimentos de medo virão se juntar os de vergonha e culpa. Mesmo aqueles que não são visivelmente identificados como diferentes na infância e na adolescência também viverão sob o domínio do medo de vir a ser descobertos e de sofrer as consequências que tal informação acarreta. São esses sentimentos de medo, culpa e vergonha associados à homossexualidade que constituem o núcleo da homofobia internalizada.

A HOMOFOBIA INSTITUCIONALIZADA

A forma mais evidente de manifestação da homofobia institucionalizada é o pressuposto de que todos são heterossexuais. Em decorrência desse pressuposto, as estruturas sociais não refletem as necessidades dos homossexuais, reforçando assim seus sentimentos de inadequação e de exclusão social.

Davis enumera sete mecanismos por meio dos quais a sociedade perpetua a opressão aos homossexuais:

1. *Conspiração do silêncio*. Tentativa de manter os diversos grupos homossexuais invisíveis. Isso se dá "ignorando" as questões e demandas sociais dessa população.
2. *Negação da cultura*. Ações que deliberadamente excluem referências positivas a realizações de homossexuais nos campos cultural, artístico, político etc.
3. *Negação da força popular*. Desconsidera as estatísticas sobre o tamanho dessa população e sua importância

social. Isso se reflete na mídia, que muitas vezes não cobre – ou cobre de forma preconceituosa – eventos como as paradas gays, por exemplo.
4. *Medo da visibilidade.* Quando heterossexuais ou mesmo homossexuais demonstram desconforto com assuntos que envolvem relacionamentos entre pessoas do mesmo sexo. Comentários do tipo "não me interessa o que você faz na intimidade" ou "não é preciso levantar bandeira" se aplicam a essa situação.
5. *Demarcação de espaços públicos específicos.* São os chamados guetos, onde se permite uma expressão mais livre de atitudes e comportamentos homossexuais.
6. *Negação da autodenominação.* Insistência em utilizar termos considerados pejorativos para designar homossexuais (bicha, boiola, sapatão etc.), em vez dos termos com conotação mais positiva (gay, lésbica, homoafetivo) preferidos por essa população.
7. *Simbolismo negativo.* Projeções de comportamentos, atitudes e crenças sobre os homossexuais, perpetuando estereótipos muito negativos. Por exemplo, o de que homossexuais são promíscuos, molestadores sexuais e incapazes de manter compromissos afetivos.

A HOMOFOBIA INTERNALIZADA

É praticamente impossível para uma lésbica ou um gay não internalizar as mensagens negativas sobre a homossexualidade a que são permanentemente expostos. Como diz Isay, em algum ponto da terapia o paciente gay expressará insatisfação ou infelicidade com sua orientação sexual. Mesmo quando estão no nível consciente, esses sentimentos não são perceptíveis. Se bem conduzido, o processo terapêutico acabará por trazer à consciência os sentimentos negativos associados à condição homossexual.

Cabe ao terapeuta bem preparado ajudar o paciente a compreender que esses sentimentos negativos resultam dos mecanismos de opressão social a que ele foi exposto, e não de uma sexualidade patológica. Esse é um trabalho delicado, que requer do terapeuta muita sensibilidade, pois nem sempre o paciente consegue enxergar a própria homofobia internalizada e pode projetar no terapeuta seus sentimentos negativos.

Davies apresenta em seu livro uma descrição que Carmen de Monteflores faz dos processos psíquicos mais comuns utilizados por gays bem "adaptados" para lidar com a homofobia internalizada:

1. *Assimilação*. Trata-se de uma estratégia de sobrevivência que consiste em assumir atitudes e comportamentos do grupo dominante. Nesse caso, o indivíduo homossexual procura se passar por heterossexual (uma das evidências mais fortes dessa estratégia é o valor que gays que não parecem gays têm na própria comunidade homossexual). Essa invisibilidade perante os outros, principalmente os entes queridos, costuma gerar muita raiva, culpa e ressentimentos.
2. *Confronto*. Normalmente está ligado a "se assumir" de uma forma que vai além da simples afirmação,

procurando transformar um suposto "déficit" em uma "vantagem". Muitas vezes se dá como uma "atuação", na qual a raiva e o ressentimento contra a sociedade homofóbica são projetados indiscriminadamente.

3. *Guetização*. Refere-se à escolha que muitos gays fazem de viver uma parte significativa da vida num espaço geográfico e/ou psicológico quase completamente separado dos heterossexuais. Em certos casos, implica uma polarização que leva a comportamentos e atitudes hostis em relação a eles.

4. *Sentir-se especial*. Dá-se por meio de crenças e fantasias de que os gays, como grupo, têm qualidades ou talentos especiais que os tornam "melhores", ou que fazem parte de um grupo "escolhido".

MANIFESTAÇÕES CLÍNICAS DA HOMOFOBIA INTERNALIZADA

Muito raramente um paciente gay chega ao consultório com a queixa de homofobia internalizada. Na maioria das vezes, ele procura a terapia para resolver dificuldades que podem ser de relacionamento, profissionais ou familiares. Também pode apresentar ansiedade, depressão, dependência química etc. Porém, o terapeuta bem preparado será capaz de detectar a homofobia internalizada do paciente por trás de muitas dessas dificuldades. Cabe a ele ajudar o paciente a percebê-la e a desenvolver formas de reduzir seus variados efeitos nocivos.

Embora as manifestações clínicas da homofobia internalizada possam variar dependendo do grau de autoaceitação do indivíduo e do estágio de desenvolvimento da identidade gay no qual ele se encontra, as mais comuns (em diferentes graus) são as seguintes:

- confusão emocional;
- baixa autoestima;
- atitude hipercrítica em relação a si mesmo e aos outros;
- isolamento social;
- supressão generalizada da expressão de sentimentos;
- depressão crônica;
- autoabuso, por meio de uso recorrente de álcool ou de substâncias ilícitas, automutilação, exposição a situações de risco e tentativas de suicídio;
- ansiedade crônica;
- dificuldade generalizada de estabelecer intimidade;
- "atuação", por meio da adoção de estereótipos;
- "recusa" em assumir posições ou situações de liderança;
- atitude supercompensatória nas relações familiares, sociais e profissionais (querer ser o melhor em tudo);
- baixa imunidade, o que gera problemas de saúde;
- depreciação de outros gays, ou mesmo ataques verbais ou físicos a eles.

A homofobia internalizada resultante da exposição contínua à homofobia social e cultural, de forma direta ou indireta, faz que o paciente gay geralmente desenvolva um conjunto complexo de defesas psicológicas que poderão estar mais ou menos conscientes dependendo do seu estágio de autoconhecimento.

Na clínica, a despeito da queixa explícita do paciente ou seus sintomas mais evidentes, Kort (2008) aponta alguns sinais de homofobia internalizada nas seguintes atitudes e comportamentos apresentados pelo paciente:

- valorizar uma atitude "de macho" e desqualificar os "afeminados", para os gays, e desprezar as "caminhoneiras", para as lésbicas;
- manifestar grande desconforto com "bichas" ou "caminhoneiras";
- criticar os "guetos" ou as comunidades;
- ter medo de ser "descoberto", mesmo quando não há riscos envolvidos;
- sentir atração romântica recorrente por heterossexuais;
- se passar por heterossexual mesmo em situações nas quais não haveria perigo em ser identificado como gay ou lésbica;
- fazer comentários do tipo "Não tenho de dizer aos outros o que faço na cama";
- falar sobre como um lugar ou uma pessoa é "muito gay".

... 4 ...

A TERAPIA AFIRMATIVA
E A QUESTÃO DA IDENTIDADE

A maior parte da população não descreve sua sexualidade de forma congruente com seus comportamentos e fantasias. Pioneiro no estudo da sexualidade humana, Alfred Kinsey, em 1947, constatou em suas pesquisas que, dos 37% de homens e 13% de mulheres que tiveram atividade sexual com parceiros do mesmo sexo, apenas 4% dos homens e menos de 3% das mulheres se viam como exclusivamente homossexuais. Estudos interculturais mais recentes indicaram que tal número varia entre 7% e 12%. Portanto, há uma diferença importante entre comportamento sexual (atividade sexual) e identidade sexual.

Nas palavras de Isay (1998, p. 14):

Apesar de as evidências clínicas e os estudos empíricos sugerirem que nascemos homossexuais, meu trabalho evidencia que aprendemos a ser gays. A forma como expressamos nossos impulsos, assim como o grau de conforto que experimentamos em relação a eles, são determinados pelas nossas normas sociais e pelas experiências e relacionamentos que vivemos na primeira infância. Para que alguém se torne gay é necessário que se autodenomine gay e desenvolva uma identidade gay.

O conceito de identidade gay no mundo ocidental foi desenvolvido com base em um conjunto de crenças e valores sociais, bem como no estabelecimento de instituições e na adoção de uma linguagem que definem subculturas e permitem que os homossexuais se identifiquem como membros de um grupo social. Ser gay não significa apenas se relacionar afetiva e sexualmente com pessoas do mesmo sexo, mas sobretudo se reconhecer como tal, adotando, em algum grau, comportamentos e atitudes identificados com os desse grupo.

O desenvolvimento de uma identidade gay está intimamente relacionado com o chamado "assumir-se". Esse processo, popularmente chamado de "sair do armário" (uma tradução para a expressão em inglês *coming out of the closet*), é considerado um rito de passagem para os gays e constitui o mais importante fator para uma resolução psíquica satisfatória. Não é à toa que se costuma dizer entre os gays que determinada pessoa é "bem resolvida", indicando que ela não tem conflitos em relação à sua identidade sexual.

De acordo com Cohen e Stein (in Davies e Neal, 2000a), o "assumir-se" refere-se a um complexo processo de desenvolvimento ligado à consciência e ao reconhecimento, por parte do próprio indivíduo, de pensamentos e sentimentos homossexuais. E são vários os fatores que influirão na forma positiva ou negativa que a identidade gay ou lésbica resultante desse processo vai tomar.

A psicóloga australiana Vivienne Cass (1979) propôs um modelo de formação de identidade baseado em estágios que tem sido largamente utilizado por terapeutas afirmativos. Embora esse modelo seja apenas teórico e não reflita um padrão absoluto, tem se mostrado muito útil para compreender a autoaceitação e formação de uma identidade gay. Ele pressupõe um processo de desenvolvimento da identidade e uma interação entre o que acontece "internamente" com o indivíduo e o que acontece "externamente" na sociedade.

É importante ressaltar que o processo não se dá necessariamente na ordem descrita, nem envolve todos os estágios citados. Há indivíduos que permanecem nas fases iniciais e outros que avançam e recuam, dependendo de como o processo evolui.

São estes os estágios do modelo de Cass:

1. *Confusão de identidade*. Nesse estágio, o indivíduo reconhece pensamentos e comportamentos homossexuais, mas geralmente os considera inaceitáveis. Ele ou ela não se identifica como gay ou lésbica, mas como heterossexual com fantasias homossexuais.
2. *Comparação de identidade*. O indivíduo começa a aceitar a possibilidade de ser homossexual, mas não se

considera gay ou lésbica, por não se identificar com o estilo de vida que associa a esses grupos. Frequentemente aceita o comportamento homossexual, mas rejeita a identidade.
3. *Tolerância de identidade.* O indivíduo aceita que é provavelmente gay ou lésbica e começa a se identificar como tal. Pode evitar se associar à comunidade gay, mas reconhece a necessidade de se socializar. Nesse estágio, as experiências pessoais têm um papel preponderante. Se positivas, levam aos estágios posteriores. Se negativas, tendem a levar à regressão aos estágios anteriores.
4. *Aceitação da identidade (inicio da adolescência gay).* O indivíduo aceita, e não apenas tolera, a identidade gay e já se sente parte da comunidade. Geralmente desenvolve alguma intolerância aos segmentos mais homofóbicos da sociedade. A raiva que era até então dirigida a si mesmo passa a ser dirigida aos "outros". Começa a expressar mais abertamente sua identidade e se separa dos que julga que não o aceitam.
5. *Orgulho da identidade (a adolescência gay).* Nesse estágio, o indivíduo imerge na cultura gay, passando a consumir atividades e produtos gays, e começa a confrontar os heterossexuais. Tende a ver o mundo dividido entre gays e heterossexuais, sem diferenciar os homofóbicos dos demais. A combinação de raiva e orgulho leva a uma atitude que o conduz aos movimentos sociais e à militância.
6. *Síntese de identidade.* Nesse último estágio, não há mais necessidade de dividir o mundo entre gays e héte-

ros. O indivíduo percebe que nem todos os heterossexuais são homofóbicos e reconhece que a identidade sexual não é um fator primário nas relações interpessoais.

A observação atenta desses estágios é fundamental para o terapeuta afirmativo, a fim de que ele não prejudique inadvertidamente o processo do paciente. No estágio 1, por exemplo, é preciso cuidado para não acelerar ou bloquear o processo; no estágio 2, para não forçar uma definição antes da hora. Tanto o estágio de confusão quanto o de comparação requerem um tempo "interno", durante o qual certa tensão precisa ser sustentada. Cabe ao terapeuta ajudar o paciente a sustentar tal tensão e a buscar um caminho que faça sentido.

Já nos estágios posteriores, o cuidado deve estar na compreensão de que são estágios "exploratórios". Portanto, é natural que o paciente se comporte como um adolescente, independentemente de sua idade cronológica. Comportamentos e atitudes "inadequados" devem ser examinados à luz desse processo exploratório e compreendidos como parte da busca de uma identidade mais clara. Nesses estágios, o cuidado para não julgar ou apontar o que é certo ou errado é crucial para uma resolução satisfatória da questão da identidade.

O estágio 5, conhecido como "idade gay" [*gay age*], pode ser vivenciado com certa agressividade e "atuação" [*acting out*], devendo também ser relativizado como parte de um todo. Os indivíduos que conseguem elaborar adequadamente esse estágio costumam se mover sem grandes dificuldades para o estágio de síntese, no qual a identidade homossexual se integra de forma saudável ao conjunto da personalidade.

Do ponto de vista de "para quem" se assumir, o processo costuma seguir, para a maioria dos indivíduos, uma sequência de três fases:

- para si mesmo;
- para os amigos próximos;
- para a família.

Normalmente o indivíduo, após o período de autoexploração no qual se assume para si mesmo, procura se assumir para os amigos, principalmente gays e lésbicas, e só mais tarde, quando já se sente mais preparado, se assume para a família. Isso devido ao medo de como a família reagirá, o que em muitos casos pode significar riscos reais, como abandono, represálias financeiras e perda de privilégios.

DIFERENÇAS ENTRE GÊNEROS

Alguns estudos indicam que as lésbicas tendem a se assumir mais tarde do que os gays. Embora não haja conclusões definitivas a esse respeito, supõe-se que os padrões de comportamento culturalmente atribuídos aos gêneros sejam responsáveis pela diferença. As meninas podem exibir comportamentos afetuosos entre si sem que haja desconfiança em relação à sua orientação sexual, e muitas vezes se realizam afetivamente em relacionamentos (sem envolvimento sexual) com amigas íntimas. Já para os meninos, qualquer aproximação afetiva com outro garoto pode significar uma "tendência homossexual". Ao contrário das meninas, a experimentação sexual não é necessariamente vista como indicação de homossexualidade, mas o envolvimento afetivo, sim.

AUTOESTIMA

Outro conceito importante na compreensão da questão da identidade é o da autoestima. Considerando que esta – definida como o amor que o indivíduo tem por si mesmo – é a base da autoconfiança, condição psicológica que nos permite enfrentar as dificuldades e os desafios da vida, ficam evidentes os estragos causados pela homofobia na forma como o indivíduo vai se perceber e se colocar no mundo. Com o objetivo de ajudar gays e lésbicas a identificar e reverter os efeitos da homofobia em sua autoestima, o psicoterapeuta norte-americano Kimeron Hardin publicou o ótimo livro *Autoestima para homossexuais*. Sua leitura é importante tanto para profissionais de saúde como para os próprios homossexuais.

... 5 ...

O TERAPEUTA AFIRMATIVO

O objetivo da terapia afirmativa é basicamente ajudar o paciente a tornar-se mais autêntico, por meio da integração dos sentimentos, pensamentos e desejos homossexuais às diferentes áreas de sua vida, desenvolvendo assim uma identidade gay positiva. Para que o vínculo de confiança entre o paciente gay e o terapeuta se dê de forma adequada, algumas condições que extrapolam a clínica tradicional são essenciais.

Para Clark (1987), o terapeuta afirmativo deve sempre levar em conta que os indivíduos gays, em sua maioria:

- aprenderam desde muito cedo a se sentir diferentes, sendo essa diferença associada à inferioridade. Esses sentimentos costumam aparecer muito cedo, por volta dos 6 ou 7 anos de idade, em consequência da

reação negativa dos pais a comportamentos e atitudes que diferem do padrão esperado para o sexo da criança;
- desenvolveram alto grau de autocontrole e tendem a não confiar nos próprios sentimentos, o que pode levar a uma forte alienação de si mesmos. Esse autocontrole tem como objetivo evitar qualquer demonstração dos sentimentos verdadeiros, o que pode gerar uma autopercepção empobrecida;
- sentem-se sós, culpados, envergonhados, com medo de que seu segredo seja descoberto e, com isso, de perder o amor e o respeito dos demais;
- têm alta probabilidade de sofrer depressão crônica associada a algum grau de imobilidade, o que pode levar a diferentes formas de dependência química. Essa imobilidade decorre da falta de perspectiva de solução para o conflito interno aliada à impossibilidade de dividir o problema com qualquer outra pessoa;
- estão mais sujeitos a acidentes fatais e suicídio (principalmente adolescentes), por temer que sua verdadeira identidade seja revelada, frustrando assim as expectativas dos pais e da sociedade em geral;
- têm uma história de abusos verbais, emocionais (inclusive por parte de entes queridos que desconhecem sua identidade) e/ou físicos;
- costumam viver em dois "mundos" simultaneamente;
- frequentemente desenvolvem uma estratégia para manter uma identidade heterossexual pública. Essa identidade tem como função reduzir o conflito interno, na medida em que possibilita uma dissimulação tanto para si próprio como para os demais.

Clark recomenda ao terapeuta interessado em atender indivíduos gays de acordo com uma abordagem afirmativa que:

- procure rever seus próprios preconceitos, fantasias e sentimentos sobre a homossexualidade;
- caso o paciente apresente alguma patologia, é esta que deve ser tratada, não a homossexualidade;
- tome cuidado com os estereótipos;
- lembre que o paciente espera dele acolhimento, apoio e principalmente respeito;
- tenha em mente que o paciente gay tem, em algum grau, um histórico de opressão;
- procure ficar atento às dificuldades do paciente de expressar raiva e lidar com sentimentos eróticos;
- esteja preparado para ajudá-lo a se livrar de sentimentos de culpa e vergonha;
- aprenda sobre os diferentes estilos de vida gay e descubra o que a comunidade gay local oferece;
- deixe que o próprio paciente estabeleça os limites sobre os aspectos íntimos de sua sexualidade que deseja compartilhar com ele;
- não esqueça de reafirmar a orientação sexual de seu paciente como manifestação natural de sexualidade humana.

A PREPARAÇÃO DO TERAPEUTA

Muitos terapeutas acreditam que, por não considerarem a homossexualidade patológica nem terem preconceitos em relação à diversidade sexual de seus pacientes, estão aptos a atender a quaisquer indivíduos gays. Porém, as evidências indicam que essa condição, embora necessária, não é suficiente. Do ponto de vista da abordagem afirmativa, é fundamental que haja uma preparação que leve em conta não apenas os aspectos da psicodinâmica da homossexualidade, mas também um conhecimento profundo sobre os desafios que os gays enfrentam por viverem em uma sociedade heterocentrada. É preciso que o terapeuta se informe sobre os estilos de vida, a cultura gay (veja o quadro ao final deste capítulo), os recursos comunitários disponíveis e as questões relacionadas com os direitos civis dos gays. E, principalmente, que se disponha a examinar as questões contratransferenciais (suas próprias questões que interferem na relação com o paciente).

Para evitar os riscos de se engajar em um processo terapêutico com um profissional despreparado, o psicólogo americano Marny Hall (1985), autor do conhecido livro *The lavender couch* [O divã lilás], chegou a sugerir que pacientes gays entrevistassem um potencial terapeuta procurando avaliar suas ideias sobre a homossexualidade, bem como sua preparação e seu grau de experiência com pacientes gays. Nessa mesma linha, a Association for Lesbian, Gay and Bisexual Psychologies [Associação das Psicologias Lésbica, Gay e Bissexual] publicou um informativo com o objetivo de ajudar os pacientes gays a identificar um terapeuta afirmativo (veja o Anexo 3, p. 99).

Ao analisar os aspectos do que chama de "condição essencial de respeito" para com o paciente gay, Davies (2000) ressalta a posição defendida pela British Association for Counselling and Psychotherapy de que o reconhecimento, por parte do terapeuta, de sua incapacidade de atender um cliente ou um grupo de clientes, encaminhando-o a outro profissional, é uma indicação de sua competência. Além disso, afirma ser fundamental que o terapeuta examine com muito cuidado suas crenças e atitudes em relação às múltiplas questões envolvidas na homossexualidade. Para Davies, o terapeuta que não consegue ver a homossexualidade como uma forma positiva e potencialmente criativa de viver a vida deve reconhecer sua limitação e se abster de atender gays, pois sua ansiedade, seus medos e sua ambivalência serão, de alguma forma, transferidos para o paciente.

Entre as principais crenças que, na visão de Davies, interferem de forma muito negativa no processo terapêutico estão as seguintes:

- a de que a homossexualidade vai contra a vontade de Deus e é pecado;
- a de que a homossexualidade é uma doença, é antinatural ou é uma perversão;
- a de que a homossexualidade é inferior à heterossexualidade;
- a de que a monogamia é a única forma saudável de viver um relacionamento sexual;
- a de que os relacionamentos homossexuais são sempre superficiais, não duram ou são apenas sexuais;

- a de que gays, lésbicas e bissexuais têm maior probabilidade de abusar sexualmente de jovens ou que de alguma forma "pervertem" a sexualidade ainda em formação destes;
- a de que a paternidade ou maternidade gay e as famílias gays não têm o mesmo valor que seus equivalentes heterossexuais.

Nessa mesma linha de raciocínio, Kort (2008) afirma que o fato de não se preparar adequadamente para lidar com os pacientes gays pode levar o terapeuta a cometer os seguintes erros:

- *Não revelar a própria orientação sexual quando lhe perguntam*. Para muitos gays, submetidos constantemente a situações de opressão, a franqueza do terapeuta sobre a própria orientação sexual pode atuar como importante fator na relação transferencial, fortalecendo sua confiança no terapeuta e no processo.
- *Negar sua homofobia e seu heterocentrismo*. Todos nós fomos criados numa sociedade heterocentrada e fortemente homofóbica. Se o terapeuta não for capaz de reconhecer a influência da visão social dominante sobre suas crenças mais profundas, poderá projetá-las inconscientemente no paciente – ou reforçar de modo inadvertido a homofobia internalizada deste.
- *Não oferecer recursos aos pacientes*. A visão de neutralidade adotada por muitos terapeutas pode ser prejudicial aos pacientes gays que têm uma história pessoal de preconceito e discriminação. Ter informações so-

bre grupos de apoio, grupos religiosos e de atividades sociais voltados para esse público pode ser profundamente enriquecedor no processo terapêutico.
- *Usar uma terminologia inadequada.* Expressões como "preferência sexual", por exemplo, denotam uma compreensão inadequada da homossexualidade, pois pressupõem uma escolha. O mesmo acontece com a expressão "estilo de vida gay", que transmite a ideia de que a orientação sexual limita-se à adoção de determinados hábitos e costumes. Alguns outros termos também podem gerar desconforto no paciente. Em caso de dúvida, o melhor é perguntar a ele(a) como prefere ser definido(a). Isso vale também para as palavras "companheiro(a)", "parceiro(a)", "marido/mulher".
- *Adotar a "tela branca" como estilo terapêutico.* A tentativa de manter a neutralidade, não revelando nada pessoal ao paciente, pode ser pouco produtiva no caso dos pacientes gays, devido aos sentimentos de exclusão e de rejeição que estes costumam apresentar. Compartilhar algumas informações pessoais, dentro dos limites de adequação terapêutica, pode funcionar como um poderoso espelho afirmativo.
- *Deixar de reconhecer que o paciente foi uma criança gay ou lésbica.* Embora possa ser difícil reconhecer, é importante ressaltar que o paciente que hoje se identifica como gay ou lésbica foi uma criança que se sentiu diferente. Assim como um adulto heterossexual foi uma criança heterossexual, um adulto gay foi uma criança gay. Lembremos que ser gay ou lésbica não se refere apenas a práticas sexuais.

- *Não ter disponível nenhuma literatura gay na sala de espera.* Ter apenas revistas heterossexuais na sala de espera pode indicar que o terapeuta não valoriza seus pacientes gays. Revistas voltadas a esse público, assim como folhetos sobre recursos comunitários, fazem que o paciente se sinta considerado e bem-vindo.
- *Acreditar que um casal é um casal, independentemente da orientação sexual.* Embora essa afirmação de muitos terapeutas tenha a intenção de demonstrar que eles não têm preconceito contra casais gays, indica na verdade desconhecimento das diferenças entre as dinâmicas de casais hétero e casais gays. Não se pode deixar de considerar a variável duplicidade de gênero num casal gay.
- *Não conseguir identificar adequadamente o estágio do desenvolvimento da identidade gay no qual se encontra o paciente.* A incapacidade do terapeuta de identificar adequadamente os estágios do processo de desenvolvimento de uma identidade gay pode levar a interpretações equivocadas de comportamentos e atitudes do paciente gay ou lésbica. Alguns comportamentos, como o de exploração da sexualidade (estágio 5 do modelo de Cass), podem ser vistos como indicação de promiscuidade, e não como uma etapa do processo de desenvolvimento.

Com relação à contratransferência, Davies sugere ao terapeuta que reflita sobre as seguintes questões:

- Questiona a origem da orientação sexual do paciente (se não abertamente, internamente)?

- Acredita que a atração por pessoas do mesmo sexo tenha uma origem patológica? Raciocina em termos de etiologia em vez de pensar em desenvolvimento de identidade?
- Concorda com a relutância do paciente em admitir que é gay ou lésbica?
- Acredita que gays e lésbicas não devem se revelar a não ser se confrontados diretamente?
- O que ele pensa realmente sobre o casamento religioso e civil para gays e lésbicas?
- Como se sente a respeito de gays e lésbicas se tornarem pais e mães?
- Concorda com as afirmações do paciente de que a comunidade gay é imatura e centrada em sexo?
- Até que ponto se sente confortável ao conversar com adolescentes sobre a possibilidade de serem gays ou lésbicas? Acredita que eles sejam capazes de reconhecer sua orientação sexual nessa idade?

AS SUBCULTURAS E OS RECURSOS COMUNITÁRIOS

Ainda que o terapeuta não precise conhecer tudo sobre o universo de gays e lésbicas, é fundamental que procure se informar sobre os aspectos mais característicos das subculturas nas quais esse público se divide, assim como sobre os vários recursos que as comunidades gay e lésbica oferecem a seus membros. Exemplos:

- Grupos definidos por tipo físico, preferências ou hábitos: barbies (homens com corpos muito malhados), ursos (homens com aparência mais "masculina", geralmente grandões e com muitos pelos), emos (jovens com aparência mais andrógina), *leather* (homens que gostam de se vestir com roupas de couro), paizão (homens mais velhos que gostam de jovens) etc.; sandalhinhas (mulheres com aparência e atitudes mais femininas; termo empregado geralmente em oposição às mulheres mais masculinizadas), *lesbian chics* (mulheres femininas, elegantes, normalmente de nível social mais elevado), divas (suas atitudes lembram as das grandes estrelas do teatro e do cinema).

- Ambientes de encontro: saunas, clubes de sexo, boates, bares, *circuit parties* (festas com música eletrônica tocada por determinados DJs onde há normalmente grande consumo de drogas recreativas), lugares de "pegação" (cinemas, banheiros públicos, parques), chats de relacionamento.
- Papel sexual: ativo, passivo, versátil.
- Práticas sexuais especificas: sexo anônimo, sadomasoquismo, *barebacking* (sexo sem proteção).
- Grupos de afinidade: religiosos (evangélicos, judeus, católicos, protestantes, budistas), social-esportivos (de jovens, de casais, gay *bikers*, time de voleibol etc.), de apoio emocional (drogaditos, compulsivos sexuais, homens que amam demais, portadores de HIV), familiares (pais e mães gays, pais de homossexuais).
- Grupos de militância política e social e centros de referência especializados.
- Eventos sociais e culturais: Paradas do Orgulho Gay, festivais de cinema e teatro, feiras culturais.
- Mídia especializada: revistas, colunas em jornais, sites e programas de rádio e televisão.
- Profissionais especializados: médicos, advogados, psicólogos, agentes de viagem etc.

… 6 …

A CLÍNICA

Sendo impossível cobrir a complexidade inerente à prática da clínica psicológica, e sem perder de vista que o paciente gay é um indivíduo – não podendo, portanto, ser reduzido apenas à sua orientação afetivo-sexual –, decidi apresentar neste capítulo uma seleção de questões prevalentes na clínica com pacientes gays. O objetivo é relatar alguns dos desafios e dificuldades que os gays enfrentam e que são fortemente determinados pelo contexto social heterocentrado e homofóbico. Essas questões podem ou não vir acompanhadas de outras dificuldades psicológicas, mas em geral os sintomas associados aos efeitos da opressão social e da homofobia na vida do paciente gay são eliminados ou reduzidos em consequência da resolução da identidade afetivo-sexual.

Como veremos a seguir, sintomas comuns em pacientes em crise quanto à identidade afetivo-sexual –

como alterações de humor, ansiedade generalizada, dependências etc. – podem na verdade ser resultantes desse conflito, e não indicadores de outras psicopatologias. Cabe ao terapeuta identificar as situações nas quais, além das manifestações do conflito de identidade, outros fatores estão presentes.

O ARMÁRIO

Como já foi visto anteriormente, "sair do armário" talvez seja o mais importante rito de passagem para gays e lésbicas. Estar no armário para um gay significa não ter sua orientação afetivo-sexual revelada para os outros. O armário pode ser absoluto, ou seja, um segredo não compartilhado com ninguém, ou, o que é mais comum, relativo, isto é, compartilhado com algumas pessoas e escondido das demais. Qualquer que seja seu grau, ele é sempre fonte de angústia, medo, vergonha e culpa.

Na clínica, independentemente da queixa do paciente gay, é preciso estar atento a essa dinâmica, pois ela desempenha um papel preponderante no nível de funcionamento psicológico do indivíduo. Ainda que a maioria dos pacientes gays racionalize sua estratégia de revelar ou não sua orientação afetivo-sexual, é papel do terapeuta ajudá-lo a rever essa estratégia à luz da perspectiva de sua integridade psíquica e emocional. É preciso examinar e avaliar com o devido cuidado os riscos reais *versus* os imaginários, assim como as perdas (dos privilégios da heterossexualidade) e os ganhos (integridade, espontaneidade, maior intimidade e liberdade etc.).

É muito comum que pacientes gays apresentem dificuldades nos relacionamentos familiares, pessoais e profissionais em decorrência direta do armário. O distanciamento da família, a ausência de amigos íntimos e certos conflitos no trabalho são exemplos de problemas diretamente associados ao segredo ou à invisibilidade social. Sintomas como falta de espontaneidade, retraimento (ou mesmo fobia social), irritabilidade, manifestações psicossomáticas – como alergias, problemas gástricos, cefaleias etc. – também podem ser consequência do armário. O custo emocional de viver uma vida "dupla" pode ser muito alto e gerar uma desorganização psicológica expressiva.

DEPRESSÃO

Um dos sintomas mais frequentes apresentados por gays que buscam terapia é a depressão. Em diferentes graus e formas de manifestação, autodesvalorização, desânimo e falta de apetite pela vida estão habitualmente presentes nas queixas desses pacientes.

Ainda que não haja diferenças estatísticas significativas na prevalência da depressão entre héteros e gays, estudos clínicos demonstram haver algumas especificidades na gênese do quadro depressivo entre estes.

Considerando-se que as causas conhecidas da depressão compreendem fatores biológicos, psicológicos e ambientais, sabe-se – como observam os psicólogos americanos Kimeron Hardin e Marny Hall, autores do livro *Queer blues: the lesbian and gay guide to overcome depression* [A tristeza gay: o guia para que gays e lésbicas superem a depressão] – que, no caso dos gays, o fator ambiental tende a desempenhar um papel desproporcional nessa equação.

A percepção, desde muito cedo, do estigma social associado à homossexualidade faz que os gays desenvolvam mecanismos de autorrepressão de sentimentos e formas de disfarçar impulsos, controlando comportamentos e atitudes que possam comprometê-los. Na adolescência, quando os conflitos de ordem sexual se acirram, é comum se aprofundarem os sentimentos de solidão e, frequentemente, as fantasias ou mesmo tentativas de suicídio. É nessa fase que muitos começam a consumir álcool e drogas para aliviar o sofrimento. Podem ocorrer também outros comportamentos autodestrutivos, tais como automutilação e exposição a situações de risco (como sexo sem proteção). Esses padrões, desenvolvidos para reduzir a depressão, acabam estimulando-a num ciclo que não tem fim.

Durante a vida adulta, as pressões familiares, sociais e profissionais continuam a exercer um papel importante no bem-estar psicológico e emocional do indivíduo. Portanto, dependendo de seu grau de autoaceitação e visibilidade, os gays estarão sujeitos à manifestação ou recorrência da depressão.

Outro fator apontado por Hardin e Hall como responsável pela alta incidência de depressão entre os gays é a Aids. A angústia gerada pelo risco de contaminação, as dificuldades de viver com HIV/Aids e a perda de entes queridos em decorrência da doença são situações que quase sempre levam à depressão.

Assim, desencadeada inicialmente pela homofobia real e depois internalizada, a depressão nos gays tem alta probabilidade de se tornar crônica, e seu tratamento deve sempre considerar os aspectos da dinâmica da homofobia.

ÁLCOOL E DROGAS

Embora o abuso de álcool e de drogas seja um problema geral, alguns estudos indicam que entre gays e lésbicas ele adquire características particulares. Enquanto nos jovens os índices de abuso de álcool são equivalentes entre héteros e gays, nos homens mais velhos a tendência se modifica. Ao contrário dos homens héteros, os gays continuam a abusar do álcool conforme envelhecem. O mesmo se dá com as lésbicas, que também apresentam índices elevados em todas as faixas etárias.

De forma geral, todas as pesquisas conduzidas nos Estados Unidos e no Reino Unido indicam que, em comparação com a população geral, gays e lésbicas consomem mais drogas como maconha, barbitúricos e anfetaminas.

Entre os fatores apontados como responsáveis por esse padrão de consumo, a homofobia e todos os seus desdobramentos é o mais evidente. Na tentativa de aliviar a ansiedade e a depressão causadas pelo sofrimento imposto aos gays, o álcool e as drogas se tornam poderosos (e perigosos) aliados destes.

Há, porém, importantes diferenças na maneira como muitos gays e lésbicas vivem a vida. Com dificuldades de se socializar de forma aberta, é comum que muitos desses indivíduos organizem suas atividades em torno de bares e clubes, onde o acesso à bebida e às drogas não só é facilitado como também altamente incentivado. Da mesma forma, por encontrarem maior dificuldade de estabelecer e manter relacionamentos estáveis, também em função das circunstâncias sociais, são expostos ao estresse contínuo da busca de parceiros, o que tende a levar ao consumo exagerado dessas substâncias. A chamada cena gay, que inclui um calendário regular de festas que podem durar dias e são comuns nas principais cidades do mundo ocidental, costuma ser regada por drogas que aumentam a resistência física e criam euforia. Além disso, o culto ao corpo e a busca de um padrão físico idealizado esculpido nas academias leva a um consumo desenfreado de anabolizantes. Problemas físicos e psicológicos decorrentes dessa prática são constantes no consultório. Entretanto, é comum que pacientes gays omitam do terapeuta o uso de tais substâncias – por vergonha e também por acreditarem que têm total controle da situação.

Por outro lado, o fato de a maioria dos gays e das lésbicas não constituir família nos moldes tradicionais pode explicar em parte o alto consumo de álcool e drogas mesmo em idades mais avançadas. Não tendo as obrigações e os compromissos que a criação de filhos normalmente impõe, eles costumam ter uma vida mais livre, mais direcionada à busca do prazer e da realização pessoal. Essa condição pode implicar também uma maior disponibilidade financeira para o consumo de bebidas e outras substâncias ilícitas.

SEXUALIDADE

A maior dificuldade no trato das questões relativas à sexualidade de gays e lésbicas encontra-se no limitado numero de pesquisas que de fato levem em consideração as diferenças significativas entre a sexualidade desse publico e a heterossexual normativa. A ausência de modelos mais abrangentes que incorporem a variedade de expressões sexuais e também os aspectos sociais e políticos envolvidos na compreensão das questões das minorias sexuais é um entrave à prática clínica tradicional. As colocações que se seguem procuram oferecer um olhar mais dirigido a algumas das especificidades desse público.

Sexualidade entre lésbicas

A crença popular – sustentada até mesmo por muitos terapeutas – de que as mulheres se tornam lésbicas por raiva e ressentimento dos homens que as frustraram/violentaram não é confirmada pela prática clínica com esse público. Embora isso possa acontecer em alguns casos, a maioria das pacientes lésbicas se deu conta de sua orientação afetivo-sexual por outros caminhos.

Uma das manifestações mais evidentes das consequências da visão heterocentrada e machista da sociedade sobre as lésbicas é a forma como se percebem as relações eróticas entre mulheres. Desse ponto de vista, tais relações estão a serviço do prazer do homem, que se excita vendo duas ou mais mulheres engajadas em atividades de cunho sexual. O problema é que essa visão supõe um sexo homoerótico entre mulheres heterossexuais, o que não tem absolutamente nada que ver com o sexo entre mulheres lésbicas.

Embora não haja muitos dados sistemáticos sobre a sexualidade entre lésbicas, vários autores sustentam que a maior dificuldade das lésbicas nos relacionamentos é o nível do desejo sexual. A expressão em inglês *lesbian bed death* [cama da morte lésbica], cunhada pelo sociólogo britânico Pepper Schwartz, refere-se à crença de que casais de mulheres deixam de ter atividade sexual frequente após os primeiros anos do relacionamento, o que acaba gerando grande insatisfação e frustração. De acordo com um estudo realizado em 1983 por Schwartz e Philip Blumstein – citados no capítulo sobre questões psicossexuais do livro *Pink therapy 3* (Davies e Neal) –, após dois anos de relacionamento, apenas 37% dos casais de lésbicas continuam a fazer sexo regularmente, em comparação com 73% dos casais heterossexuais (nos primeiros dois anos, os números são de 76% para as lésbicas e 83% para os heterossexuais). Por outro lado, Coleman *et al.*, citados no mesmo capítulo, afirmam que, embora a frequência das relações seja menor, as lésbicas relatam índices de satisfação sexual igual ou maior do que as mulheres heterossexuais.

Do ponto de vista da clínica afirmativa, é importante ressaltar que a maioria dos problemas de frequência sexual trazidos pelas pacientes lésbicas está relacionada com questões de gênero. Ou seja, as mulheres são condicionadas, tanto biológica quanto culturalmente, a ter expectativas sexuais muito diferentes das dos homens. De forma geral, elas tendem a buscar mais intimidade emocional do que prazer sexual. Portanto, a questão do nível de desejo deve ser examinada no contexto de uma relação entre duas mulheres, e não como uma disfunção sexual.

Sexualidade entre gays

A maior parte dos problemas sexuais trazidos à clínica gay tem como pano de fundo a homofobia internalizada. É com base nela que se manifestam uma série de sintomas – tanto no campo emocional quanto no desempenho sexual propriamente dito –, influenciando enormemente o funcionamento psicológico do indivíduo.

Os efeitos da homofobia internalizada podem ser observados na dissociação que muitos pacientes gays fazem entre seus comportamentos e práticas sexuais e sua identidade afetivo-sexual. Essa "dissonância", que é na verdade uma forma de defesa psíquica contra a ansiedade gerada pela própria homossexualidade, acaba por levar a um comportamento sexual sem qualquer vinculação afetiva. Tal comportamento normalmente envolve o uso excessivo de pornografia, a prática de sexo anônimo e a compulsão sexual.

Como parte dessa problemática, se observa também que muitos gays têm dificuldade de estabelecer ou manter uma intimidade amorosa associada à vida sexual. Há inclusive uma crença generalizada, mantida pelos próprios gays, de que gays não se vinculam afetivamente e são naturalmente promíscuos.

Para Coleman *et al.* (*apud* Davies e Neal) a origem dessa dificuldade está em não se conseguir desenvolver uma identidade positiva e integrada, o que acaba gerando alto grau de estresse psíquico. As consequências dessa situação são problemas de relacionamento interpessoal e padrões de comportamento compulsivos – que, como já vimos, têm a finalidade de lidar com a ansiedade.

Outra manifestação comum da homofobia internalizada se dá nos conflitos associados ao papel de gênero masculino. A questão da masculinidade aparece tanto na "persona" (máscara social) mais masculina ou mais feminina quanto nas preferências pelo papel ativo ou passivo nas relações sexuais. A própria comunidade gay, reproduzindo a sociedade machista, valoriza os gays mais masculinos (que não aparentam ser gays) e hostilizam os mais femininos. Da mesma forma, os ativos, ou seja, aqueles que preferem o papel sexual associado ao homem, também são considerados superiores e tendem a ser vistos de forma menos negativa. Essa questão costuma ser agravada pelos tabus relativos ao sexo anal, encarado por muitos como sujo e antinatural. A ansiedade em torno dessas questões pode funcionar muitas vezes como catalisador de comportamentos sexuais compulsivos.

Uma das questões mais complexas da sexualidade gay é a compulsão sexual. É muito importante que o terapeuta saiba distinguir entre a atividade sexual mais frequente e variada e o padrão compulsivo. Embora os gays – em função dos efeitos da homofobia internalizada, da história de abuso sexual cultural[5] e de um estilo de vida que geralmente possibilita maior liberdade sexual – sejam mais vulneráveis à compulsão sexual, esse problema também é comum entre homens heterossexuais. A maior parte dos autores concorda que a compulsão sexual é, na verdade, um transtorno relacionado com a intimidade que tem como função reprimir memórias dolorosas e eliminar sentimentos indesejáveis. O sexo é apenas o veículo escolhido para lidar com essas feridas. E no caso dos gays ele não só é muito valorizado como também facilmente obtido.

Com o objetivo de auxiliar os gays a avaliar melhor seus padrões de comportamento sexual, identificando se indicam ou não um padrão compulsivo, os psicólogos norte-americanos Patrick Carnes e Robert Weiss (veja suas obras na bibliografia) desenvolveram o teste *G-SAST – The Gay and Bi-sexual Addiction Screening Test* [Teste para

---

5. Conceito empregado por Kort (2008) para englobar os ataques crônicos, verbais, emocionais, psicológicos e até sexuais a que são submetidos os indivíduos que apresentam padrões de gênero diferentes dos normativos, bem como sentimentos, atitudes ou comportamentos homossexuais.

o diagnóstico de compulsão sexual em gays e bissexuais]. As questões abrangem tópicos como experiências de abuso sexual na infância, frequência e tempo empregado no planejamento e na realização de atividades sexuais, uso de pornografia, envolvimento com prostituição, práticas sexuais de risco, problemas com a polícia decorrentes de atividades sexuais ilícitas, desorganização familiar e/ou profissional, frustrações com tentativas de alterar o próprio padrão, entre outras.

Experiências de abuso sexual na infância, embora não façam parte da história da maioria dos gays, costumam ser um fator importante no desenvolvimento de dificuldades de ordem sexual e afetiva. Vários estudos indicam que crianças gays (crianças que apresentam características de comportamento com algum grau de não conformidade com o padrão de gênero culturalmente estabelecido) tendem a sofrer abuso sexual acima da média. Ao contrário do que se costuma afirmar, essas crianças não se tornam gays por causa do abuso; ao contrário, são abusadas porque são gays (refiro-me aqui à orientação homossexual, e não aos casos nos quais padrões de comportamento homossexual patológico podem ser desenvolvidos em decorrência da experiência traumática de abuso sexual). As experiências de abuso sexual na infância tendem a prejudicar o desenvolvimento psicossexual do indivíduo, levando a padrões afetivo-sexuais disfuncionais. Novamente, o problema não está na homossexualidade em si, mas sim na experiência traumática vivida pelo paciente gay.

RELACIONAMENTOS

Embora gays e lésbicas compartilhem o fato de serem minoria numa sociedade machista e homofóbica, e embora ambos sofram igualmente todos os efeitos já descritos da homofobia internalizada, as diferenças em suas dinâmicas de relacionamento afetivo-sexual são enormes.

Lésbicas

Uma questão comum na clínica com lésbicas é a tendência à fusão como padrão de relacionamento. Esse padrão se baseia no estabelecimento de um vínculo emocional tão profundo que acaba limitando a individualidade das parceiras, o que para alguns autores seria a principal causa da diminuição do desejo sexual ao longo do tempo. A possível explicação para essa dinâmica está na duplicação do elemento feminino. Ou seja, um casal de lésbicas é constituído por duas mulheres e, portanto, tende a amplificar características tradicionalmente associadas ao feminino, como busca de proximidade amorosa, ênfase na intimidade e preferência pela monogamia.

Essa dinâmica fusional pode originar vários conflitos de perda de autonomia e independência e gerar sentimentos de raiva e ressentimento, o que acaba levando a desgastes e causando a separação do casal.

Outro aspecto interessante apontado por Kort (2008) em relação à dinâmica do casal de lésbicas é a tendência de manutenção de vínculos amorosos anteriores e a socialização quase exclusiva em grupos de lésbicas. Para ele, essa é mais uma característica do gênero feminino, já que as mulheres tendem a ser mais relacionais do que os homens. Essa característica pode frequentemente gerar conflitos envolvendo ciúmes e possessividade.

No caso das lésbicas que se assumem mais tarde, após um casamento heterossexual, a presença de filhos costuma ser um complicador nos relacionamentos amorosos. Diferentemente do que acontece com a maioria dos gays em situação semelhante, as lésbicas tendem a estabelecer um relacionamento comprometido e estável mais rapidamente, o que demanda adaptações, nem sempre fáceis, em relação à família anterior.

Gays

A dificuldade mais comum associada aos relacionamentos gays é a de estabelecer e manter vínculos emocionais profundos. Parte dessa dificuldade pode ser atribuída à forma como os homens, tanto os héteros como os gays, são socializados em nossa cultura. Como observei em meu livro *Desiguais* (2008, p. 128),

> os meninos são desde cedo incentivados a ser fortes e competitivos, a evitar demonstrações de afeto e a explorar sua sexualidade de forma mais livre do que as meninas. Com isso, aprendem pouco sobre como expressar sentimentos e compartilhar intimidade. Por outro lado, desenvolvem uma identidade fortemente apoiada na se-

xualidade e na disputa por poder. Como o relacionamento gay envolve dois homens, essas características de gênero tendem a ser uma fonte adicional de conflito.

Outro fator que contribui de forma muito significativa para essa dinâmica é a homofobia internalizada, que se manifesta na crença, compartilhada pelos próprios gays, de que relacionamentos gays não têm futuro, pois são baseados no sexo e sem fins de procriação. Vistos pela sociedade como imaturos e narcisistas, os relacionamentos gays não costumam ser valorizados e muito menos apoiados pela rede familiar e social, o que contribui também para sua fragilidade.

Em consequência direta dessa dinâmica, outra questão aparece frequentemente e é responsável por grande parcela dos conflitos vividos por gays em relacionamentos: a monogamia. Embora a infidelidade seja comum também aos heterossexuais, estudos norte-americanos recentes indicam que cerca de 75% dos casais gays se tornam poligâmicos após o quinto ano de relacionamento. Outra diferença importante entre casais héteros e casais gays é que estes tendem a tratar desse assunto de forma mais direta e aberta.

Os conflitos em torno da monogamia ocorrem principalmente por conta das diferenças de opinião sobre o tema entre os parceiros (geralmente um deles quer abrir a relação e o outro não). Negociação dos arranjos e formatos do relacionamento, sentimentos de ciúme e medo de perder o parceiro, confiança *versus* traição, segurança durante o sexo e questões de imagem diante da comunidade gay e de outros grupos sociais são outros empecilhos à poligamia.

PATERNIDADE/MATERNIDADE

Para gays e lésbicas, decidir ser pai ou mãe é bem mais difícil do que para heterossexuais. Os que desejam ser pais ou mães enfrentam enormes dificuldades.

Entre os preconceitos mais comuns em relação à paternidade e à maternidade gay estão: ela não é natural; a criança precisa de um pai e de uma mãe; o menino precisa de um modelo masculino; pais e mães gays influenciarão a sexualidade dos filhos; não é "justo" com os filhos.

Em função desses preconceitos associados aos papéis de mãe e de pai, alguns desses indivíduos só conseguem realizar o desejo de maternidade ou paternidade por meio de um casamento heterossexual. Essa decisão implicará, via de regra, além do sofrimento autoimposto de negação da própria natureza afetivo-sexual, uma série de problemas futuros com o cônjuge, os filhos, a família e a sociedade. Pacientes gays ou lésbicas nessa condição terão de lidar com as questões do sair ou não do armário (se, quando, para quem), com todas as suas implicações de ordem afetiva, sexual e social.

Gays e lésbicas com filhos de casamentos heterossexuais terão também de assumir um relacionamento homossexual estável, o que pode ser bastante difícil. Problemas com a guarda de filhos, convivência com o(a) ex-cônjuge, dificuldades dos filhos em função do preconceito e da homofobia social e dificuldades relacionadas com a integração dos filhos à nova família são comuns.

Já os que decidem ter filhos na condição de pai/mãe solteiro(a) ou num relacionamento homossexual enfrentam dificuldades adicionais. Entre elas se destacam a forma de gestação (inseminação, barriga de aluguel, acordo entre gay e amiga lésbica, sexo casual com o objetivo de engravidar), os procedimentos e dificuldades legais no caso de adoção e as reações contrárias por parte de familiares, da Igreja e de certos setores da sociedade.

É extremamente importante que o terapeuta afirmativo esteja preparado para ajudar esses pacientes a lidar com tais questões e para apoiar as iniciativas em torno dos modelos de família não tradicional.

ENVELHECIMENTO

O envelhecimento pode ser difícil para gays e lésbicas. De um lado, esse processo pode ser fortemente influenciado pela condição familiar, ou seja, pela qualidade dos laços com a família de origem, pela existência ou não de filhos e pela situação conjugal. De outro, pela capacidade que o indivíduo teve ou não de construir uma rede social na qual se apoia e da qual recebe o cuidado e a proteção necessários à medida que os anos passam. Nessa rede se inclui o que chamamos de "família ampliada", composta normalmente de amigos íntimos e ex-parceiros, e os aparelhos comunitários como grupos de apoio e/ou militância política, grupos religiosos e centros de saúde e recreativos voltados para a terceira idade.

Em razão do preconceito, muitos gays e lésbicas precisaram se afastar física e/ou emocionalmente da família biológica, e por isso não podem contar, na maturidade, com o apoio emocional e econômico que o núcleo familiar costuma oferecer. Essa situação pode se agravar muito quando, nessa fase da vida, a orientação afetivo-sexual desses indivíduos continua não sendo reconhecida por seus familiares (ou mesmo desconhecida deles).

Além disso, de forma geral, a sociedade na qual vivemos não provê a gays e lésbicas os recursos mínimos necessários que lhes permitiriam, lidar abertamente com as questões específicas do envelhecer sendo gay ou lésbica. Por exemplo, não há serviços de saúde física e mental dirigidos a esse público, assim como não há instituições privadas ou públicas preparadas para receber gays e lésbicas idosos. A ansiedade gerada pelas fantasias de uma velhice solitária e desamparada, que é natural em qualquer pessoa, pode ser bem maior para gays e lésbicas.

Do ponto de vista psicológico, o fato de a maioria dos gays e das lésbicas não ter filhos é outro fator altamente estressante, pois pode levar a uma percepção de falta de continuidade que é muitas vezes acompanhada de sentimentos intensos de frustração e de ausência de um sentido maior para a vida.

Particularmente para os gays, outro problema se apresenta de forma muita intensa na clínica: o medo e a ansiedade em torno da perda da juventude e da beleza associada a ela. Influenciados pelo estereótipo social da "bicha velha", patética e solitária, e envolvidos numa comunidade que valoriza excessivamente a atratividade sexual, muitos gays apresentam quadros graves de ansiedade e depressão. São comuns pacientes que, na tentativa de lidar com essa ansiedade, desenvolvem padrões de comportamento de consumo (roupas da moda, produtos e tratamentos de beleza, malhação etc.) compulsivo e/ou de uso excessivo de álcool e drogas. Alguns organizam a vida num ritmo frenético de viagens, festas e consumo a fim de evitar encarar a angústia gerada pelo medo de envelhecer.

Outro tema difícil para gays e lésbicas, à medida que envelhecem, é o das implicações econômicas e financeiras de não poderem ter a união afetivo-sexual reconhecida social e legalmente. Questões como herança, decisões médicas em caso de doença grave e/ou morte do(a) parceiro(a), benefícios sociais – incluindo pensão do INSS etc. – afetam enormemente o equilíbrio psicológico de gays e lésbicas mais velhos.

HIV/AIDS

A vivência do diagnóstico do HIV, normalmente traumática para qualquer indivíduo, impõe aos gays o peso adicional do estigma social. Identificada inicialmente, e por um bom tempo, como uma doença homossexual, a Aids, embora não signifique mais uma sentença de morte, é ainda uma espada continuamente apontada para os gays – que ainda são bastante afetados por ela.

Para os pacientes mais velhos, a dor de ter visto muitos de seus amigos e parceiros serem contaminados e morrerem em decorrência da doença pode vir associada a sentimentos confusos de alívio e de culpa por terem sobrevivido à epidemia que dizimou grande parcela da comunidade gay. Para os jovens, que não viveram essa experiência, o mais frequente é uma ansiedade contínua que se apresenta de formas variadas. Alguns simplesmente negam a existência do risco e se engajam em atividades sexuais sem proteção, recusando-se a fazer os testes de detecção do vírus recomendados pelos especialistas. Outros vivem atormentados com medo da contaminação, desenvolvendo comportamentos fóbicos e entrando em crises profundas todas as vezes em que supõem terem sido contaminados.

Cada vez mais invisível, em função dos medicamentos atuais, a doença deixou de ter uma cara, mas nem por isso perdeu completamente o estigma associado às doenças sexualmente transmitidas. De forma mais velada, permanece como algo evitável, um mal decorrente de comportamentos transgressores em relação a uma sexualidade saudável. Daí os sentimentos de culpa, vergonha e desalento que acompanham os pacientes gays.

Para os pacientes com o HIV, a ansiedade diante dos exames regulares de avaliação do estágio de infecção, os efeitos colaterais de alguns medicamentos, o medo da rejeição e do abandono, as fantasias sobre o futuro incerto e o medo de ser vistos na fila para a obtenção dos medicamentos são fatores muito estressores, que podem desencadear quadros graves de depressão ou de negação compulsiva. Alguns escolhem viver a situação em total isolamento, sem contar esse segredo nem mesmo para amigos ou parentes próximos. Para esses indivíduos, revelar que têm HIV é profundamente assustador.

... 7 ...

A minha clínica

O maior desafio que encontrei em meu trabalho nos últimos anos foi o de integrar a visão afirmativa à orientação teórica e à prática junguiana. Isto é, uma prática baseada na psicologia analítica, fundada e desenvolvida inicialmente pelo psiquiatra e psicanalista suíço Carl Gustav Jung. Essa psicologia tem como ideia central a realidade do inconsciente e se arquiteta com base no resgate do conceito de alma (psique para os gregos) como o que anima e move o indivíduo em direção ao significado.

Para Jung, cada indivíduo traz dentro de si a semente da totalidade da personalidade que se desenvolverá ao longo da vida. Esse processo de desenvolvimento contínuo, um caminhar em direção a si mesmo a que somos todos submetidos – que ele chamou de individuação – se dá por meio da integração entre as diversas forças psíquicas. Para os gays, esse processo inevitavelmente envolverá um confronto com a homofobia internalizada e será profundamente influenciado pelo resultado de tal embate.

Gustavo Barcellos (2004), psicólogo e analista junguiano, descreve assim os efeitos da homofobia internalizada:

> [...] essa internalização é devastadora, já que compromete profundamente processos de formação de identidade, encarcerando os indivíduos em personas mentirosas, ainda que tiranas, e atinge, desmontando, a capacidade de amar e ser amado, às vezes em caráter irrevogável. [...] Essa é uma questão da maior importância na clínica da homossexualidade, pois, além do que se já mencionou, está também na raiz, quero crer, de uma cisão entre sexualidade e sentimento que se traduz, por exemplo, na dificuldade trágica que muitos homossexuais enfrentam para viver sexo e amor num mesmo relacionamento.

Qualquer trabalho com pacientes gays requer necessariamente uma analise cuidadosa dos efeitos da homofobia internalizada, o que do ponto de vista junguiano significa a compreensão e a elaboração das feridas da alma causadas pelo espelho social que não reflete positivamente as singularidades afetivo-sexuais. São essas feridas as responsáveis pelos vários sintomas que descrevemos no capítulo anterior e que se manifestam de forma prevalente na clínica gay.

Outro aspecto importante da psicologia junguiana que é objeto de uma atenção diferenciada na clínica gay é o da "união dos opostos". Essa expressão é utilizada para descrever o movimento interno de busca de equilíbrio entre partes opostas da personalidade no processo de individuação. Em sua concepção tradicional, esses opostos, que devem ser integrados pela relação com um Outro, referem-se às polaridades "masculino" e "feminino" e constituem elemento muito importante no desenvolvimento da personalidade como um todo. Para gays e lésbicas, entretanto, esse processo precisa ser enxergado de um prisma um pouco diferente.

O psicólogo e psicoterapeuta norte-americano Robert Hopcke (1993), autor do livro *Jung, junguianos e a homossexualidade*, considera que, para os gays, o que necessita ser integrado não são os "opostos", mas sim os "iguais". Relacionando-se eroticamente com pessoas do mesmo sexo, gays e lésbicas podem, segundo ele, integrar muitos outros aspectos das forças de oposição que existem no indivíduo além das do "masculino" e "feminino". Para ele, as relações homoeróticas subvertem a ideologia heterossexual e pressupõem a necessidade de uma compreensão do processo de individuação além da dualidade masculino-feminino. Do ponto de vista da clínica, essa compreensão é uma condição essencial, sem a qual os riscos do predomínio da visão heterocentrada são enormes – particularmente no trato das questões de relacionamento amoroso e sexual, em que o modelo internalizado predominante, mesmo entre gays e lésbicas, é o do casal heterossexual.

EXEMPLOS DE CASOS CLÍNICOS

Apresentarei a seguir alguns exemplos de casos clínicos nos quais os amplos e variados aspectos da homofobia internalizada se manifestam como sintomas psicológicos. Com o objetivo de garantir o anonimato dos pacientes e tendo em mente a finalidade didática do capítulo, alguns dados e circunstâncias foram alterados e, em certos casos, o paciente apresentado é, na verdade, uma mistura de pacientes com quadros parecidos. Ainda assim, em dois casos, foi pedida autorização ao paciente.

Caso 1

Paciente homem, 26 anos, morando ainda com os pais e muito perdido em relação à vida profissional. Após terminar a faculdade, trabalhou por um tempo nos negócios da família, mas não se adaptou. Namorando uma jovem havia alguns anos, tinha fantasias constantes com homens, mas só havia ficado uma única vez com um. Deprimido, não tinha vontade de trabalhar, malhar ou sair com amigos. Veio para a terapia querendo compreender melhor o que se passava com sua sexualidade.

Sentindo-se desde muito cedo diferente dos irmãos e tendo pouca afinidade com o pai, esse paciente desenvolveu o que conhecemos na clínica afirmativa como a "síndrome do bom menino". Tornou-se aplicado nos estudos, bem comportado e sempre disposto a colaborar com todos. Ao mesmo tempo, desenvolveu uma personalidade introvertida e era capaz de ficar horas a fio sozinho, brincando ou vendo televisão. Como não gostava de esportes e adorava dançar, mas não tinha coragem de admitir isso para os outros, acabou se dedicando às aulas de aeróbica, que eram o mais próximo daquilo de que de fato gostava.

No momento de escolher a profissão, optou pelo curso de Administração, que lhe permitiria trabalhar nos negócios da família, embora preferisse uma profissão mais criativa. Da mesma forma, começou a namorar uma ótima menina, mas por quem não se sentia bastante atraído sexualmente. Suas fantasias homossexuais eram vividas com culpa e sofrimento, não sendo compartilhadas com ninguém.

Durante o tempo em que trabalhamos juntos, esse paciente pôde compreender como toda a sua vida estava "travada" em consequência do conflito de identidade afetivo-sexual. Com medo de ser quem realmente era, ele desenvolveu um falso eu cujo objetivo era ganhar o amor e a aprovação familiar e social. Em uma profissão que não correspondia à sua vocação, com um relacionamento amoroso que não atendia às suas necessidades afetivas e sexuais e sem saber o que fazer para mudar, ele desenvolveu um quadro depressivo grave.

Ao examinarmos esse medo com cuidado, encontramos imagens, pensamentos e sentimentos muito negativos sobre a homossexualidade. Dançar e ter uma profissão criativa, ou se interessar por atividades mais artísticas, por exemplo, poderiam para ele indicar uma tendência homossexual e, por isso, tiveram de ser reprimidos. Da mesma forma, várias outras possibilidades mais criativas tiveram de ser abandonadas em nome do projeto de construção da identidade heterossexual.

Com o tempo e muito trabalho, o paciente foi capaz de se reconhecer gay, terminar o relacionamento insatisfatório, explorar de forma positiva sua sexualidade, mudar de profissão e estabelecer um relacionamento estável com outro homem. Conseguiu também enfrentar seu maior medo, que era o de perder o amor de seus pais. Assumiu-se para eles e hoje todos convivem bem com a nova realidade.

Caso 2

Paciente homem, 40 e poucos anos, bem-sucedido profissionalmente, com uma vida social intensa e perfeitamente integrado à vida gay. Assumido para a família, os amigos e colegas de trabalho, esse paciente frequentava lugares gays – bares, restaurantes e clubes – onde se divertia, encontrava os amigos e eventualmente conhecia parceiros sexuais. Nas baladas, bebia muito pouco e fazia uso das drogas comuns nesse tipo de ambiente, utilizadas para diminuir a inibição e aumentar a disposição física. Viajava bastante, usava as grifes da moda e se relacionava satisfatoriamente com a família. Embora esta soubesse de sua orientação afetivo-sexual, o assunto não era abordado de forma direta. Mantinham uma distância física e emocional suficientemente segura para ambos.

Veio para a terapia com uma queixa difusa. Achava que estava tudo certo na sua vida, mas sentia-se muitas vezes um pouco deprimido. Nada que prejudicasse sua vida profissional ou social, mas que o deixava constantemente insatisfeito. Sentia falta de um namorado com quem pudesse ter uma vida amorosa mais estável, mas também não tinha certeza se estaria disposto a abrir mão de sua liberdade. Gostava do convívio com os amigos e da relação neutra que mantinha com a família, mas sentia-se às vezes muito só. Tinha também fantasias negativas sobre um futuro solitário. Achava que gastava dinheiro à toa, mas não conseguia poupar nem alterar alguns hábitos de consumo. Questionava, ainda que de forma branda, a "futilidade" que o cercava.

À medida que íamos conversando, ele percebia que, apesar de sua aparente "adaptação" à vida, de forma geral, havia algo que não se "encaixava" muito bem. Começando a se dar conta de que boa parte de sua vida já havia passado e de que se encontrava pouco preparado para enfrentar o futuro, ele começou a rever suas escolhas e várias "fichas" começaram a cair. Relembrou, com muita dor, as estratégias defensivas que fora obrigado a adotar para evitar as chacotas na escola e para lidar com as frustrações do pai em relação à sua "masculinidade" e com as preocupações da mãe com sua "sensibilidade exagerada". Compreendeu que a distância que teve de estabelecer com sua família terminou por se tornar o padrão no qual firmaria seus relacionamentos futuros. Desenvolveu uma personalidade extrovertida, muito social e altamente sedutora. Aplicou-se nos estudos e se dedicou com afinco à profissão que escolheu com muito cuidado. O importante era tornar-se autossuficiente e, portanto, não depender de ninguém para nada.

Durante nosso trabalho, ele foi percebendo, aos poucos, até que ponto sua vida havia sido moldada pela homofobia internalizada. O medo de não ser amado pelos pais e de não ser aceito socialmente fez que ele se tornasse um sedutor contumaz. Passava boa parte da vida seduzindo, na esperança de ser suficientemente admirado e desejado para não sofrer rejeição ou abandono por sua orientação sexual. Como, porém, no nível mais profundo não acreditava ser merecedor desse amor, precisava estar sempre preparado para ficar sozinho. A distância emocional que o protegia do sofrimento de ser rejeitado o mantinha eternamente no sofrimento solitário. E essa era a base de sua depressão leve, que se manifestava na forma de insatisfação crônica.

A terapia permitiu que ele examinasse com cuidado suas crenças mais profundas e inconscientes sobre si mesmo e seus padrões "compulsivos" de sedução e de consumo. Durante nosso trabalho, ele pôde identificar os pensamentos e sentimentos negativos por trás da imagem do gay bacana e bem-sucedido e perceber a prisão que essa imagem idealizada implicava. Foi então, aos poucos, desconstruindo essa imagem e substituindo-a por imagens de si mais autênticas e verdadeiras. Começou a fazer mudanças importantes na forma de se relacionar com os outros e está muito atento às armadilhas que o "sedutor", vez ou outra, ainda lhe arma. Os sintomas depressivos diminuíram consideravelmente e ele substituiu boa parte da energia que despendia consumindo produtos e atividades estimulantes por práticas mais criativas e gratificantes.

Caso 3

Paciente mulher, por volta dos 50 anos, divorciada, independente economicamente, com duas filhas já adultas, casadas e com filhos. Procurou a terapia para tentar compreender o que se passava com ela. Após ter vivido um casamento heterossexual por mais de vinte anos e nunca ter se sentido atraída por outra mulher, apaixonou-se por uma jovem, lésbica e com idade para ser sua filha. Embora reconhecendo a reviravolta positiva que tal experiência lhe trouxera, vivia um conflito devastador. Apresentava fortes crises de ansiedade, associadas principalmente ao medo de que a família viesse a descobrir e de que suas filhas não a aceitassem e a afastassem dos netos. Tinha muito medo também de fazê-los sofrer por conta do preconceito e da discriminação social. Esse conflito, além de lhe causar grande sofrimento, interferia de forma perigosa em seu relacionamento amoroso.

Nossas conversas, que giravam inicialmente em torno de suas fantasias "catastróficas" sobre o que aconteceria realmente se viessem a descobrir, acalmaram-na um pouco. Ela passou a avaliar a situação de uma perspectiva mais realista. Afinal, era uma mulher adulta, independente, que, em princípio, não devia satisfações a ninguém. Estava divorciada, criara suas filhas e era uma avó exemplar. Menos ansiosa, pôde então se aprofundar na tentativa de compreender as raízes desse medo.

Nascida e criada no interior, com um pai muito severo e uma mãe submissa, foi educada acreditando que a identidade feminina é fortemente determinada pelos papéis de esposa e mãe. Embora pudesse ter estudado e se formado em curso superior, dirigiu sua vida para o casamento e a constituição de uma família. Casou-se cedo, teve duas filhas e se dedicou plenamente a cumprir os papéis que lhe foram atribuídos socialmente. Amava seu marido sem nunca ter se apaixonado por ele. A vida sexual, que nos dois primeiros anos fora satisfatória, foi diminuindo após o nascimento das filhas, até se tornar quase inexistente. Sobraram os carinhos protocolares e uma convivência tranquila e distante emocionalmente.

Isso durou até o dia em que ela descobriu que o marido mantinha um relacionamento de alguns anos com outra mulher. Divorciaram-se e, com a partilha dos bens, ela ganhou também a independência econômica. Arrumou um emprego e começou a desenvolver sua carreira profissional.

Nos quase dez anos que se passaram entre o divórcio e o encontro com a jovem, teve alguns relacionamentos curtos com outros homens, mas nada que de fato a tivesse arrebatado. Àquela altura da vida, acreditava que esse "departamento" já estivesse fechado e, de certa forma, já se conformara com a solidão. Seu afeto era agora totalmente canalizado para os netos. Foi então que, inesperadamente, viu-se "seduzida" pela jovem colega de trabalho, por quem acabou se apaixonando, iniciando com ela um relacionamento muito intenso.

Ao rever analiticamente sua história e examinar com atenção suas escolhas, ela percebeu até que ponto havia sido guiada pelas expectativas familiares e sociais. Desconhecia quem de fato era e pouco sabia sobre seus próprios desejos e necessidades. O encontro com a jovem – portanto, com o amor – na maturidade representou para ela um despertar para a vida e a possibilidade de se reinventar como mulher. Para ela, essa reinvenção só foi possível ao se olhar no espelho oferecido por outra mulher.

Com o passar do tempo, ela foi se recordando de sentimentos calorosos que nutrira por outras mulheres, amigas e parentes, mas que sempre considerara inapropriados e resultado de sua carência afetiva. Embora jamais houvesse reconhecido neles algum elemento erótico, ao relembrá-los agora, com base nessa nova perspectiva, concluía que eram, na realidade, expressão genuína de um anseio amoroso verdadeiro.

Sem ainda se autoidentificar como lésbica, mas reconhecendo abertamente para si mesma e para algumas amigas próximas seu amor lésbico, ela continua com o relacionamento, menos culpada e mais feliz. Prepara-se para assumir-se para as filhas e enfrentar as dificuldades decorrentes dessa atitude. Não se sente mais envergonhada nem se esconde pelos cantos.

Caso 4

Paciente homem, com idade próxima dos 30 anos, instável profissionalmente e portador do vírus HIV. Veio encaminhado pelo psiquiatra com quem se tratava de depressão. Apresentava dificuldades de se manter nos empregos, fazia uso regular de drogas (maconha e cocaína) e mantinha uma rotina de sexo compulsivo. Seus relacionamentos com outros homens não duravam mais que algumas semanas, pois ele temia ter de contar sobre o seu status de HIV positivo e possivelmente ser rejeitado. Embora desejasse muito ter um namorado, não conseguia imaginar uma saída para a situação. Gostaria também de abandonar a compulsão sexual, mas percebia que isso seria impossível sem ajuda profissional.

Já nas primeiras conversas fomos capazes de identificar em sua história várias situações de abuso emocional às quais fora exposto quando criança. Além de ser repreendido frequentemente por seu pai por ser um "maricas", ele era alvo constante de deboche e escárnio dos coleguinhas na escola. Sua mãe, na tentativa de protegê-lo, acabou por afastá-lo sempre que possível do contato com outros meninos e fez dele um companheiro constante. Com o passar dos anos, foram ficando cada vez mais próximos, e a superproteção começou a mostrar seus efeitos negativos. Despreparado para enfrentar as dificuldades normais do crescimento, ele se tornou acomodado, com baixa tolerância para as situações de frustração e quase sem nenhuma determinação para perseguir seus objetivos pessoais e profissionais.

Na adolescência, começou a se relacionar sexualmente com homens mais velhos e preferencialmente mais rudes, que o tratavam agressivamente. Desenvolveu mais tarde uma atração por ambientes de "pegação", como cinemas, banheiros públicos etc., e acabou se contaminando com o HIV quando estava com aproximadamente 25 anos. Começou a cheirar cocaína para se excitar e a fumar maconha para relaxar e trocou os ambientes de "pegação" pelos chats da internet, onde passava horas em busca de aventuras sexuais.

Ao longo do nosso trabalho conjunto, ele foi aos poucos relacionando as situações de abuso que sofrera na infância com o desenvolvimento dos padrões compulsivos e autodestrutivos, e compreendeu que esses padrões, cuja finalidade primeira era aliviar a dor antiga, estavam, na verdade, aprisionando-o a uma dor sem fim. A homofobia internalizada, caracterizada pelo ódio de si mesmo, fazia que ele se colocasse repetidamente em situações de humilhação e risco. As drogas e o sexo compulsivo mantinham-no afastado da possibilidade de amar e ser amado. Para mudar esse quadro, seria necessário, antes de tudo, que ele reaprendesse a gostar de si mesmo e se empenhasse em realizar as tarefas psíquicas que evitara até então.

Referências bibliográficas

BARCELLOS, Gustavo. "O amor entre parceiros do mesmo sexo e a grande tragédia da homofobia". Texto apresentado no XII Simpósio da Associação Junguiana do Brasil (AJB), Sexualidade e Individuação, Belo Horizonte, out. 2004.

BERZON, Betty. *Permanent partners: building gay and lesbian relationships that last.* Nova York: Plume, 2004.

_____. *Positively gay*: new approaches to gay and lesbian life. 3. ed. revista e ampliada. Berkeley: Celestial Arts, 2001.

BETTINGER, Michael. *It's your hour: a guide to queer-affirmative psychotherapy.* Los Angeles: Alyson Books, 2001.

BORGES, Klecius. *Desiguais.* Porto Alegre: Fábrica de Leitura, 2008a.

_____. "Por que relacionamentos gays são tão complicados?" In: *Desiguais.* Porto Alegre: Fábrica de Leitura, 2008b.

CARNES, Patrick. *Out of the shadows: understanding sexual addiction*. 3. ed. Center City: Hazelden, 2001.

CASS, Vivienne. "Homossexual identity formation: a theoretical model". *Journal of Homosexuality*, v. 4, n. 3, 1979, p. 219-35.

CLARK, Donald. *Loving someone gay*. Edição do vigésimo aniversário, revista e atualizada. Berkeley: Celestial Arts, 1997.

COYLE, A; KITZINGER, C. "Introducing lesbian and gay psychology". In: _____ (orgs.). *Lesbian and gay psychology*. Oxford; Malden: BPS; Blackwell, 2002.

DAVIES, D. "Homophobia and heterosexism". In: DAVIES, D; NEAL, C. (orgs.). *Pink therapy, a guide for counsellors and therapists working with lesbian, gay and bisexual clients*. Buckingham: Open University Press, 2000a.

_____. "Towards a model of gay affirmative therapy". In: DAVIES, D; NEAL, C. (orgs.). *Pink therapy, a guide for counsellors and therapists working with lesbian, gay, and bisexual clients*. Buckingham: Open University Press, 2000b.

DAVIES, Dominic; Neal, Charles (org.). *Pink therapy: a guide for counsellors and therapists working with lesbian, gay and bisexual clients*. Buckingham: Open University Press, 2000a.

DAVIES, Dominic; Neal, Charles (org.). *Pink therapy 2: therapeutic perspectives on working with lesbian, gay and bisexual clients*. Buckingham: Open University Press, 2000b.

DAVIES, Dominic; Neal, Charles (org.). *Pink therapy 3: issues in therapy with lesbian, gay, bisexual and transgender clients*. Buckingham: Open University Press, 2000c.

HALL, Marny. *The lavender couch: a consumer's guide to psychotherapy for lesbians and gay men*. Boston: Alyson, 1985.

HARDIN, Kimeron. *Autoestima para homossexuais: um guia para o amor-próprio*. São Paulo: GLS, 1999.

HARDIN, Kimeron; HALL, Marny. *Queer blues: the lesbian and gay guide to overcoming depression*. Oakland: New Harbinger, 2001.

HOPCKE, Robert H. *Jung, junguianos e a homossexualidade*. São Paulo: Siciliano, 1993.

HOPCKE, Robert H.; CARRINGTON, Karin L.; WIRTH, Scott (orgs.). *Same-sex love and the path to wholeness*. Boston: Shambhala, 1993.

ISAY, Richard. *Tornar-se gay: o caminho da autoaceitação*. São Paulo: GLS, 1998.

KORT, Joe. *Gay affirmative therapy for the straight clinician: the essential guide*. Nova York: W.W Norton & Company, 2008.

MALYON, Alan. "Psycotherapeutic implications of internalized homophobia in gay men". *Journal of Homosexuality*, v. 7, n. 13, 1982, p. 59-69.

MCNALLY, I.; ADAMS, N. "Psychosexual issues". In: NEAL, C.; DAVIES, D. (orgs.). *Pink therapy 3: issues in therapy with lesbian, gay, bisexual and transgender clients*. Buckingham: Open University Press, 2000.

WEINBERG, George. *Society and the healthy homosexual*. Nova York: St. Martin's Press, 1972.

WEISS, Robert. *Cruise control: understanding sex addiction in gay men*. Nova York: Alyson Books, 2005.

Bibliografia adicional

BARRET, Robert; ROBINSON, Bryan. *Gay fathers*. Lexington: Lexington Books, 1990.

Downing, Christine. *Myths and mysteries of same-sex love*. Nova York: Continuum, 1996.

Friskopp, Annette. *Straight jobs, gay lives: gay and lesbian professionals, the Harvard Business School, and the American workplace*. Nova York: Scribner, 1995.

Kort, Joe. *10 smart things gay men can do to improve their lives*. Los Angeles: Alyson Books, 2003.

Lingiardi, Vittorio. *Men in love: male homosexualities from Ganymede to Batman*. Chicago: Open Court, 2002.

McNaught, Brian. *Gay issues in the workplace*. Nova York: St. Martin's Press, 1993.

_____. *Now that I'm out, what do I do? Thoughts on living deliberately*. Nova York: St. Martin's Press, 1997.

Nimons, David. *The soul beneath the skin: the unseen hearts and habits of gay men*. Nova York: St. Martin's Press, 2003.

Thompson, Mark (org.). *Gay soul: finding the heart of gay spirit and nature with sixteen writers, healers, teachers and visionaries*. Nova York: Harpercollins, 1995.

Anexo I

Resolução CFP n. 001/1999, de 22 de março de 1999

EMENTA: ESTABELECE NORMAS DE ATUAÇÃO PARA OS PSICÓLOGOS EM RELAÇÃO À QUESTÃO DA ORIENTAÇÃO SEXUAL.

O Conselho Federal de Psicologia, no uso de suas atribuições legais e regimentais,
Considerando que o psicólogo é um profissional da saúde;
Considerando que na prática profissional, independentemente da área em que esteja atuando, o psicólogo é frequentemente interpelado por questões ligadas à sexualidade;
Considerando que a forma como cada um vive sua sexualidade faz parte da identidade do sujeito, a qual deve ser compreendida na sua totalidade;
Considerando que a homossexualidade não constitui doença, nem distúrbio e nem perversão;
Considerando que há, na sociedade, uma inquietação em torno de práticas sexuais desviantes da norma estabelecida socioculturalmente;

Considerando que o Psicólogo pode e deve contribuir com seu conhecimento para o esclarecimento sobre as questões da sexualidade, permitindo a superação de preconceitos e discriminações;

Resolve:

Art. 1º – Os psicólogos atuarão segundo os princípios éticos da profissão, notadamente aqueles que disciplinam a não discriminação e a promoção e bem-estar das pessoas e da humanidade.

Art. 2º – Os psicólogos deverão contribuir, com seu conhecimento, para uma reflexão sobre o preconceito e o desaparecimento de discriminações e estigmatizações contra aqueles comportamentos ou práticas homoeróticas.

Art. 3º – Os psicólogos não exercerão qualquer ação que favoreça a patologização de comportamentos ou práticas homoeróticas, nem adotarão ação coercitiva tendente a orientar homossexuais para tratamentos não solicitados.

Parágrafo Único – Os psicólogos não colaborarão com eventos e serviços que proponham tratamento e cura das homossexualidades.

Art. 4º – Os psicólogos não se pronunciarão, nem participarão de pronunciamentos públicos, nos meios de comunicação de massa, de modo a reforçar os preconceitos sociais existentes em relação aos homossexuais como portadores de qualquer desordem psíquica.

Art. 5º – Esta Resolução entre em vigor na data de sua publicação.

Art. 6º – Revogam-se todas as disposições em contrário.

Anexo 2

Orientações da American Psychological Association para psicoterapia com clientes gays, lésbicas e bissexuais[6]

Atitudes em relação à homossexualidade e à bissexualidade

1. Os psicólogos entendem que a homossexualidade e a bissexualidade não são indicadores de doença mental.
2. Os psicólogos são encorajados a reconhecer que suas atitudes e seu conhecimento sobre as questões que afetam gays, lésbicas e bissexuais podem ser relevantes para o diagnóstico e o tratamento e a buscar supervisão ou fazer encaminhamento quando indicado.
3. Os psicólogos se esforçam para compreender os mecanismos pelos quais o estigma social (por exemplo, preconceitos, discriminação e violência) põe em risco a saúde mental e o bem-estar de gays, lésbicas e bissexuais.

---

6. Traduzido e adaptado do documento disponível em www.apa.org/pi/lgbc/guidelines.html.

4. Os psicólogos se esforçam para compreender como visões inadequadas ou preconceituosas sobre a homossexualidade e a bissexualidade podem afetar a reação do cliente ao tratamento e o processo terapêutico

Relacionamentos e famílias

5. Os psicólogos se esforçam para conhecer e respeitar a importância dos relacionamentos de gays, lésbicas e bissexuais.
6. Os psicólogos se esforçam para compreender as circunstâncias particulares e os desafios enfrentados pelos pais de gays, lésbicas e bissexuais.
7. Os psicólogos reconhecem que as famílias de gays, lésbicas e bissexuais podem incluir pessoas que não estão relacionadas biológica ou legalmente a eles.
8. Os psicólogos se esforçam para compreender como a orientação homossexual ou bissexual de uma pessoa pode impactar sua família de origem e seu relacionamento com a família.

Questões relativas à diversidade

9. Os psicólogos são encorajados a reconhecer as questões específicas e os desafios vivenciados por gays, lésbicas e bissexuais pertencentes a grupos étnicos minoritários que estão sujeitos a múltiplos valores, normas e crenças culturais frequentemente conflitantes.
10. Os psicólogos são encorajados a reconhecer os desafios particulares enfrentados por bissexuais.
11. Os psicólogos se esforçam para compreender os problemas específicos de jovens gays, lésbicas e bissexuais, bem como os riscos que eles enfrentam.

12. Os psicólogos levam em consideração as diferenças geracionais na população de gays, lésbicas e bissexuais e os desafios particulares que podem ser vivenciados pelos mais velhos.
13. Os psicólogos são encorajados a reconhecer os desafios particulares vivenciados por gays, lésbicas e bissexuais com deficiências físicas, sensoriais e/ou cognitivo-emocionais.

Educação

14. Os psicólogos apoiam programas de educação e treinamento sobre as questões relativas a gays, lésbicas e bissexuais.
15. Os psicólogos são encorajados a aumentar seu conhecimento e compreensão sobre a homossexualidade e a bissexualidade por meio de educação continuada, treinamento, supervisão e orientação.
16. Os psicólogos procuram familiarizar-se com os recursos de saúde mental, educacionais e comunitários disponíveis para gays, lésbicas e bissexuais.

Anexo 3

Como encontrar um terapeuta afirmativo[7]

A AGLP-UK é a seção britânica da organização europeia Association for Lesbian, Gay and Bisexual Psychologies (AGLP Europe), de profissionais interessados em questionar a homofobia e o heterocentrismo no campo da psicologia. Isso inclui pesquisas acadêmicas, educação e treinamento, trabalho médico e psiquiátrico e práticas psicoterápicas.

A AGLP-UK tem como objetivo promover igualdade de tratamento a lésbicas, gays e bissexuais no campo da psicologia. O folheto foi produzido para as pessoas que estão em busca de psicoterapia e se identificam – ou gostariam de se identificar – como lésbicas, gays ou bissexuais ou estão questionando sua sexualidade e buscam apoio.

---

7. Resumido e adaptado do folheto "Finding a Gay Affirmative Psychotherapist or Counsellor", produzido pela Association for Lesbian, Gay and Bisexual Psychologies.

O que é um terapeuta afirmativo gay?

Ser terapeuta afirmativo não significa incentivar alguém a ser gay, mas dar à homossexualidade e à bissexualidade o mesmo valor conferido à heterossexualidade. É papel dele ajudar o paciente a expressar sua sexualidade, qualquer que seja ela.

Por que é importante procurar um terapeuta afirmativo?

A AGLP-UK acredita que a orientação homossexual não é um problema ou uma doença. Não julgamos adequado que uma pessoa que se identifica como homossexual ou bissexual procure ajuda de um profissional que acredita que tais formas de expressão sexual não são saudáveis. Se você procura ajuda em função de algo não relacionado com sua sexualidade, não deverá ser questionado sobre esta de modo diferente do que um heterossexual seria.

Muitas pessoas se sentam inseguras sobre sua sexualidade em alguns momentos ou a transformam com o tempo. Nesses casos, não deverão também procurar ajuda de alguém que acredite que a sexualidade é fixa, ou que valorize apenas uma única sexualidade.

Alguns profissionais podem não ver a homossexualidade ou a bissexualidade como patológicas, mas sua experiência com essas questões talvez seja limitada. Um profissional ético vai lhe dizer que não se sente capaz de ajudá-lo e o orientará a buscar outro terapeuta.

Devo procurar um terapeuta com a mesma orientação sexual que a minha?

Muitas lésbicas e gays argumentam que não é necessário buscar um terapeuta que também seja homossexual. Vários deles encontraram profissionais altamente capacitados. Outros se sentiriam mais confortáveis trabalhando com alguém com a mesma orientação sexual. Os clientes têm o direito de perguntar sobre a sexualidade do terapeuta e este deve responder, ou então explicar os motivos de não fazê-lo. Independentemente do que ele disser sobre a própria sexualidade, é importante que seja afirmativo e que você sinta confiança nele.

Anexo 4

Perguntas a serem feitas a um candidato a terapeuta de acordo com a visão afirmativa[8]

1. Você acredita em amor entre duas pessoas do mesmo sexo?
2. Você acredita que a orientação sexual pode ou deve ser alterada?
3. Você acredita que uma pessoa gay, lésbica, bissexual ou transexual pode viver uma vida plena e rica espiritualmente?
4. Você conhece casais do mesmo sexo que tenham um relacionamento longo e bem-sucedido?
5. Você tem experiência em atender gays e lésbicas?
6. Você tem alguma formação específica ou realizou algum treinamento voltado ao atendimento de gays e lésbicas?

---

8. Adaptado do livro *It's your hour: a guide to queer-affirmative psychotherapy*, de Michael Bettinger.

www.gruposummus.com.br